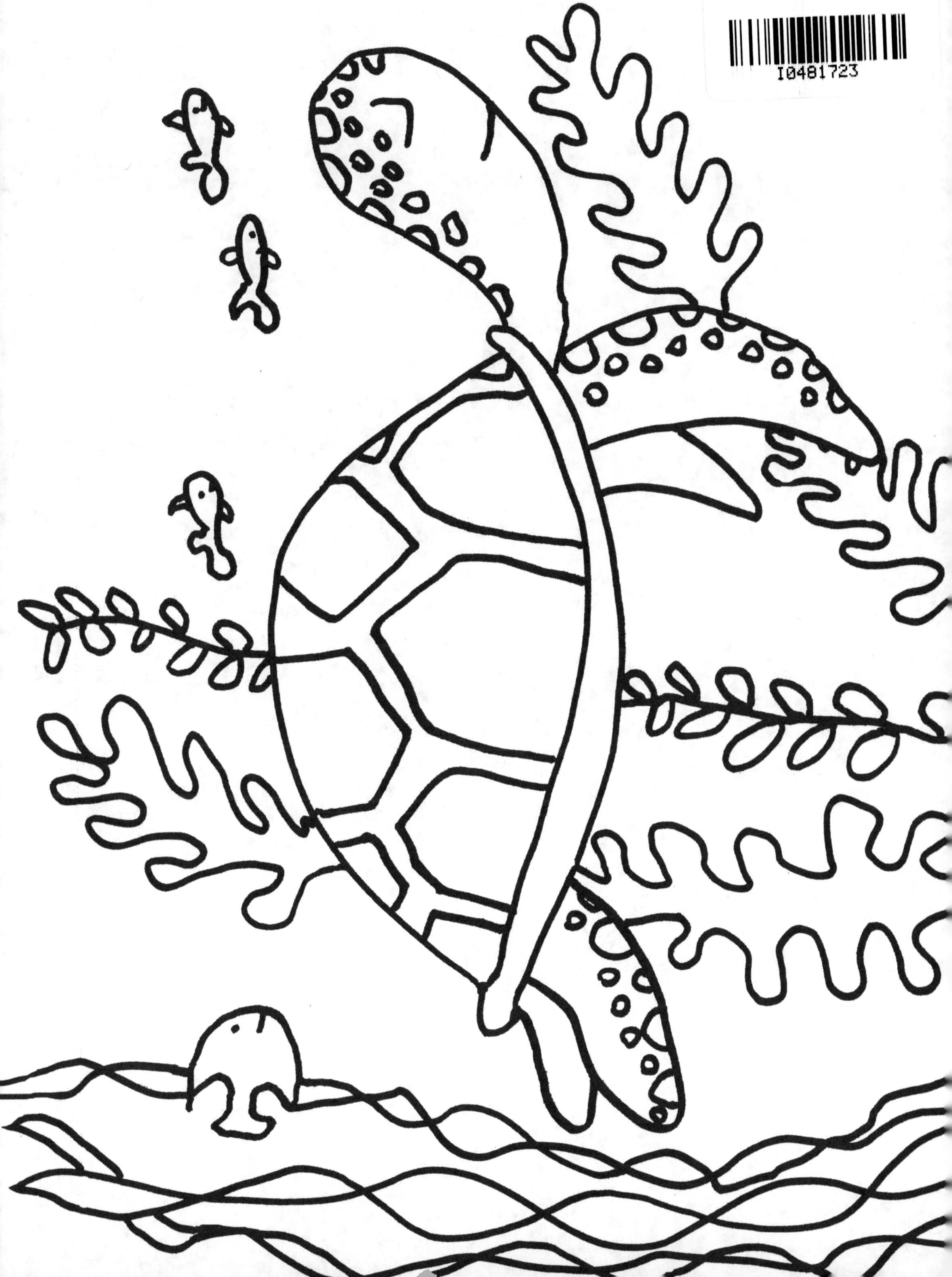

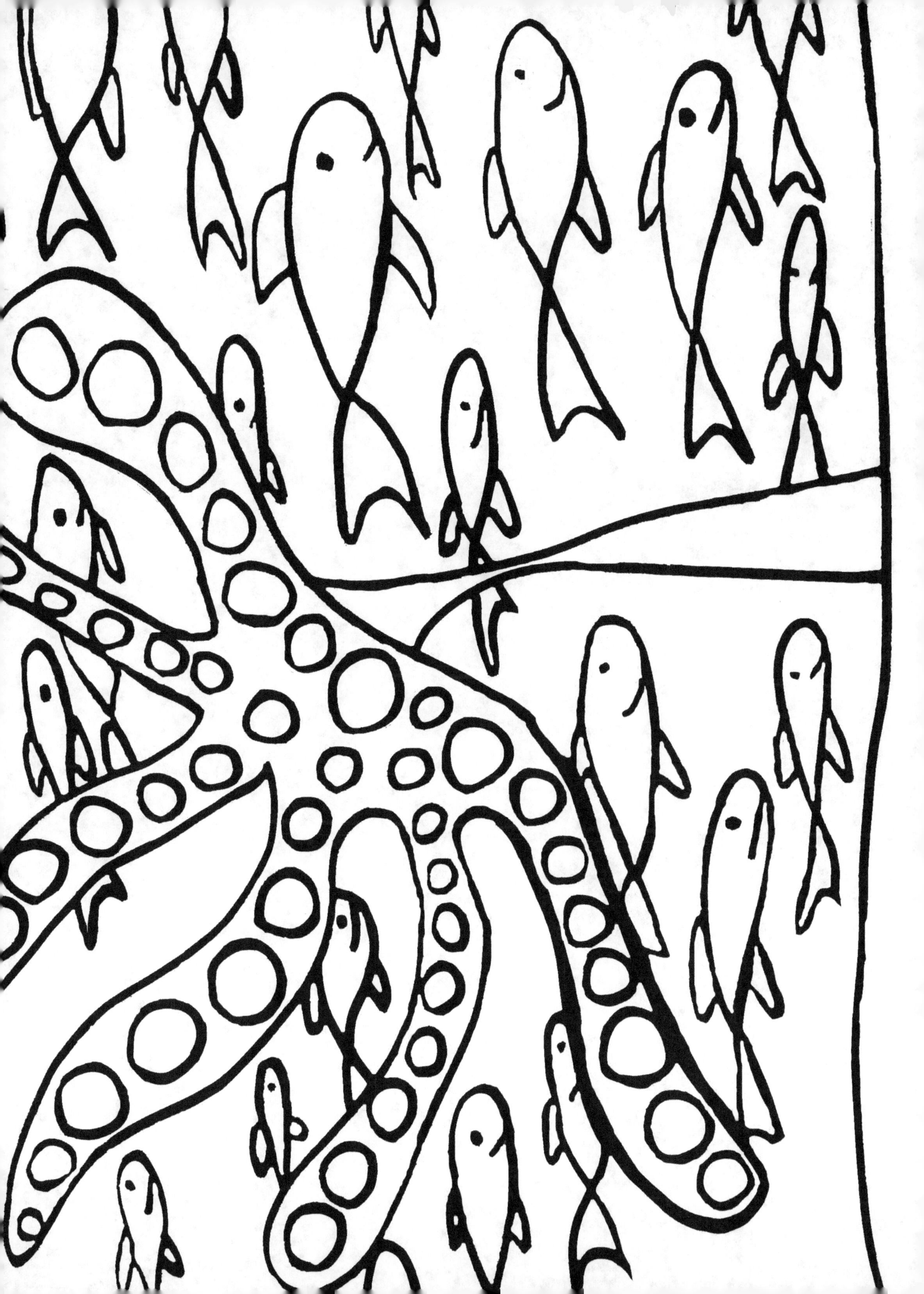

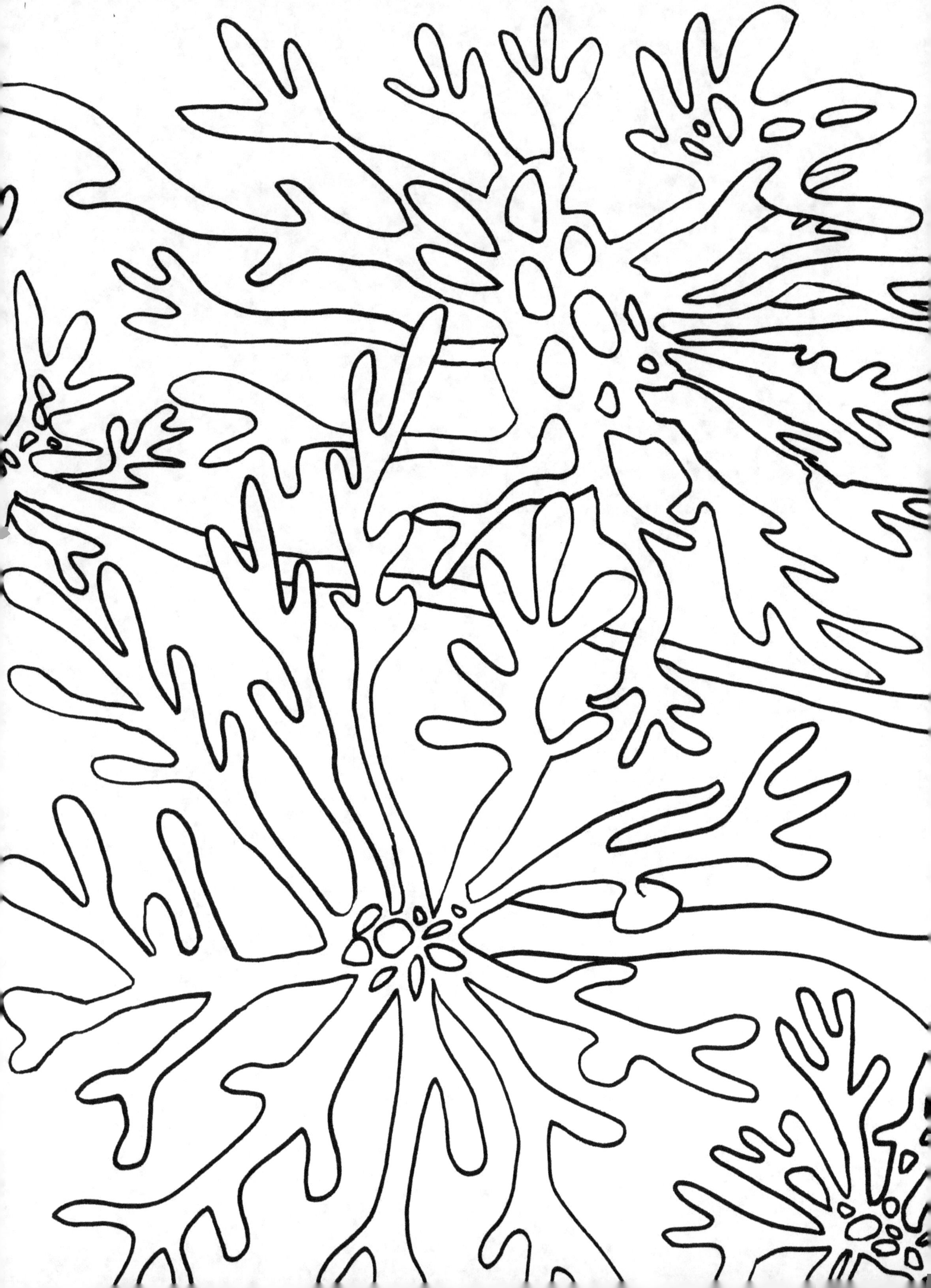

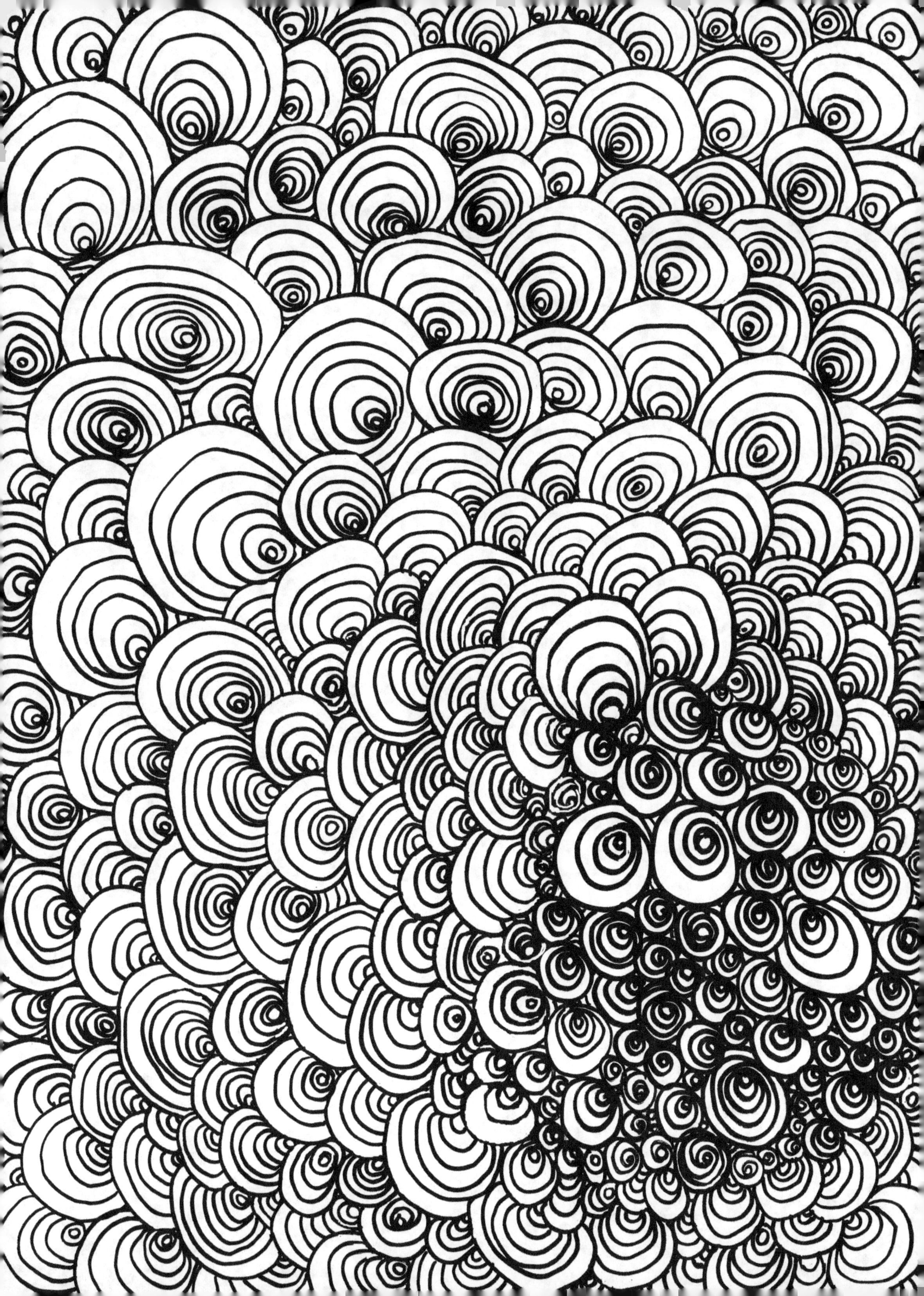

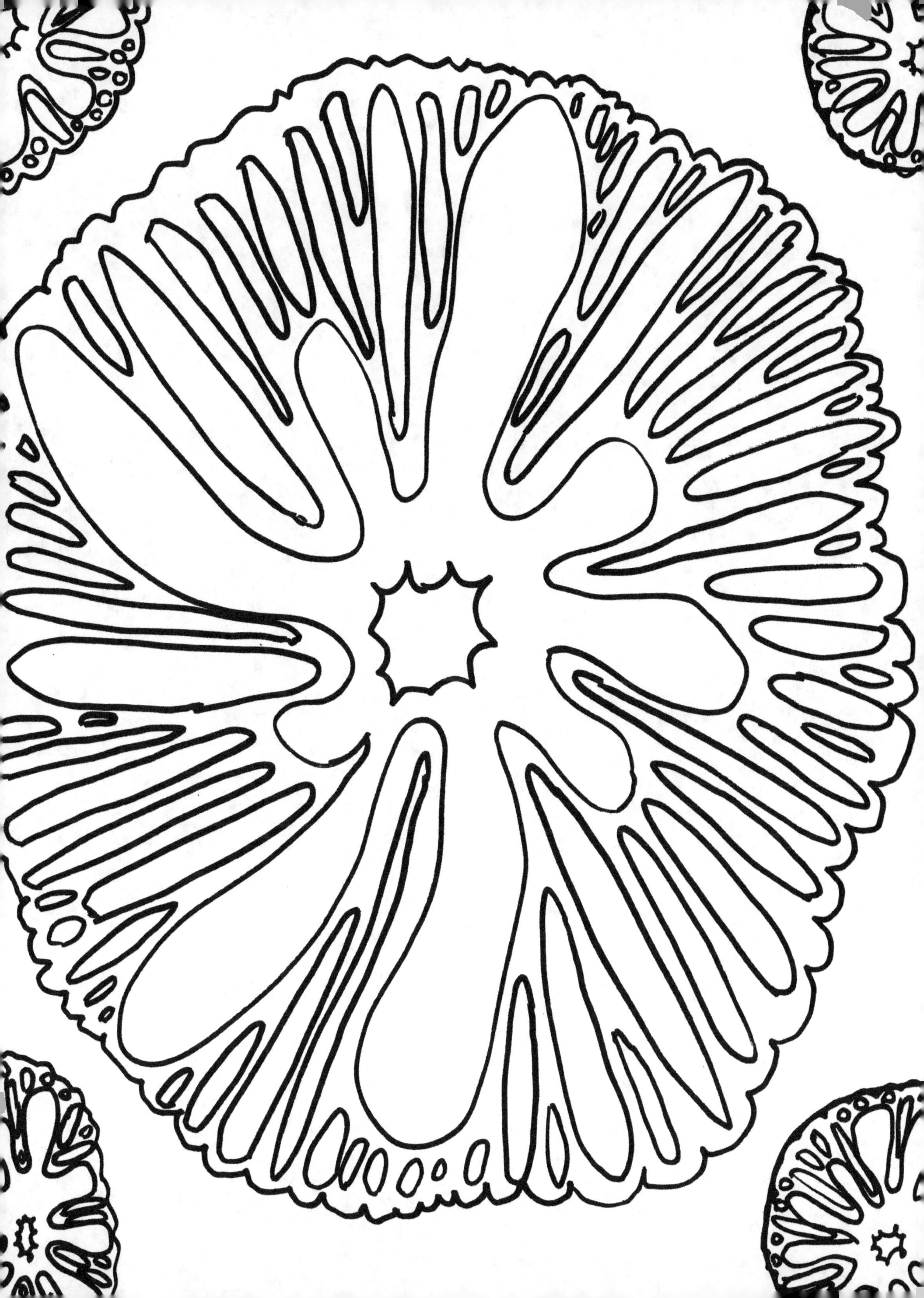

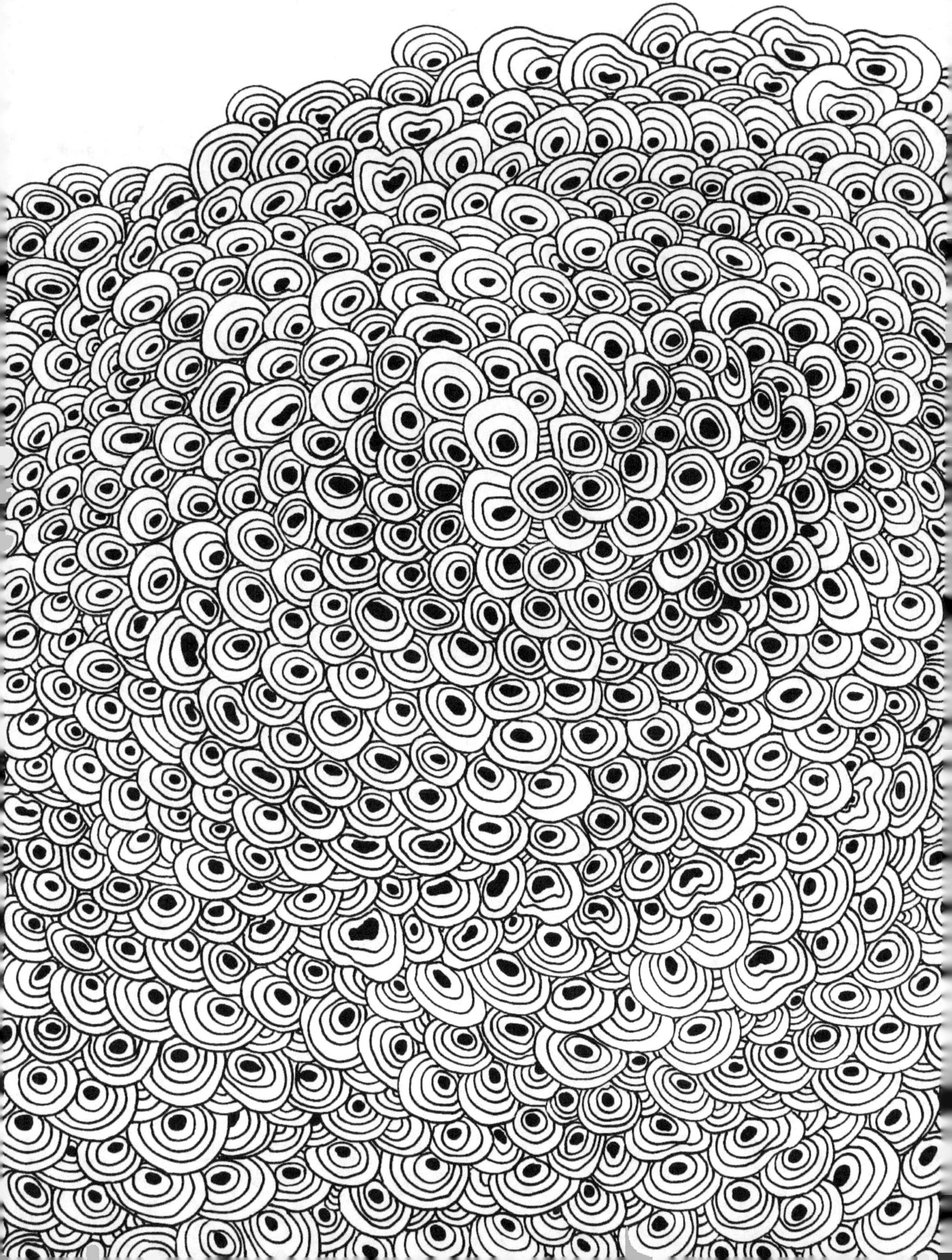

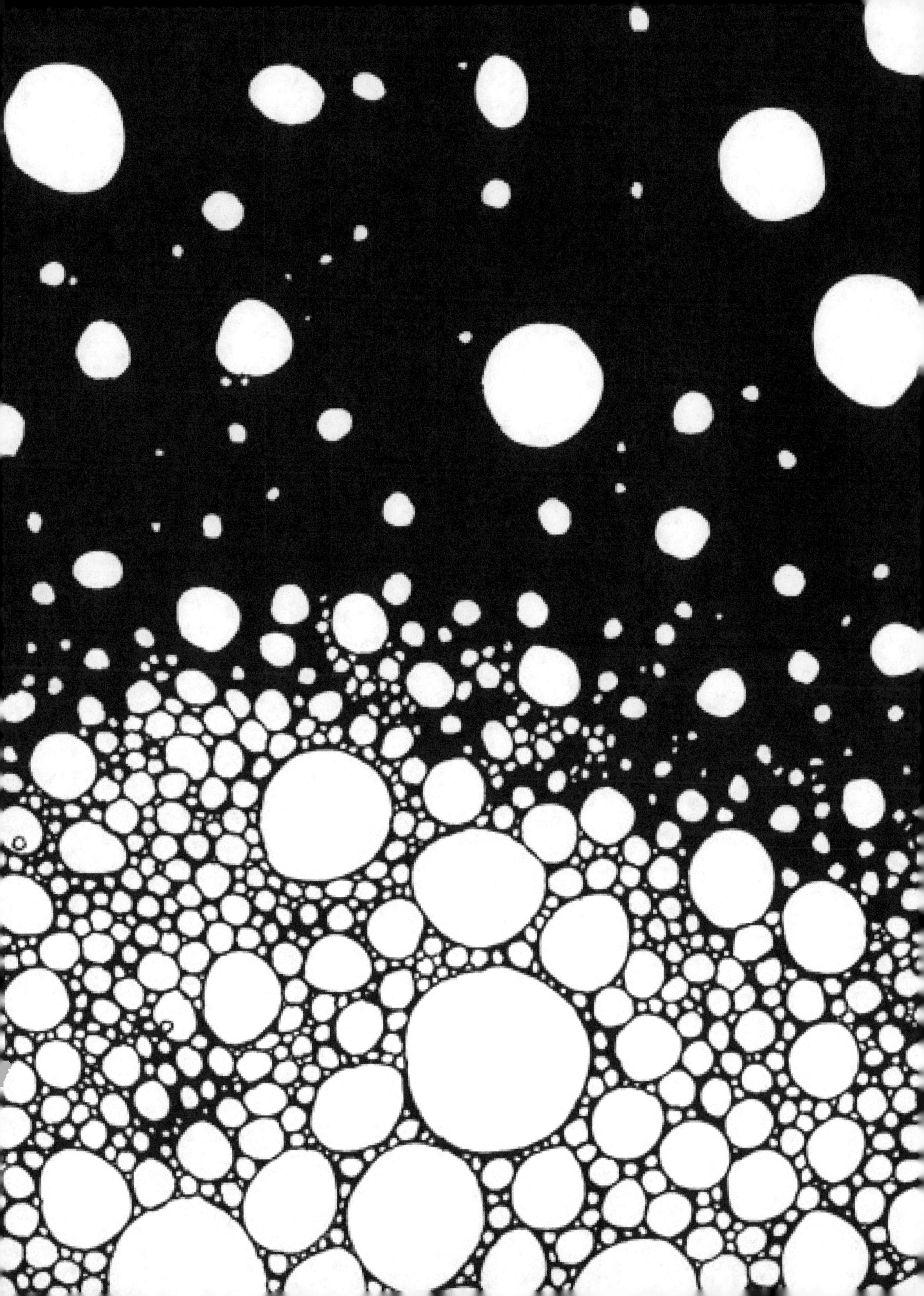

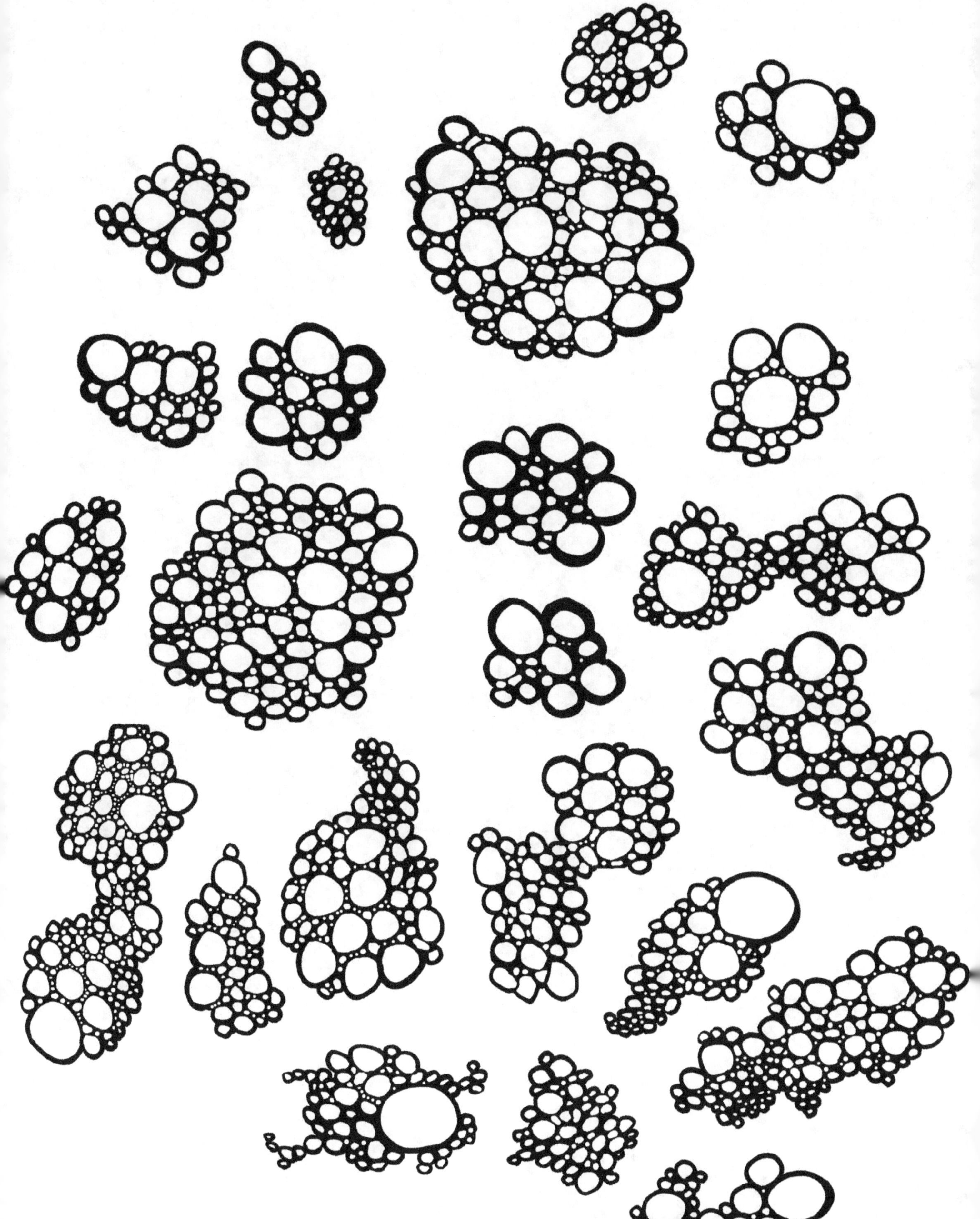

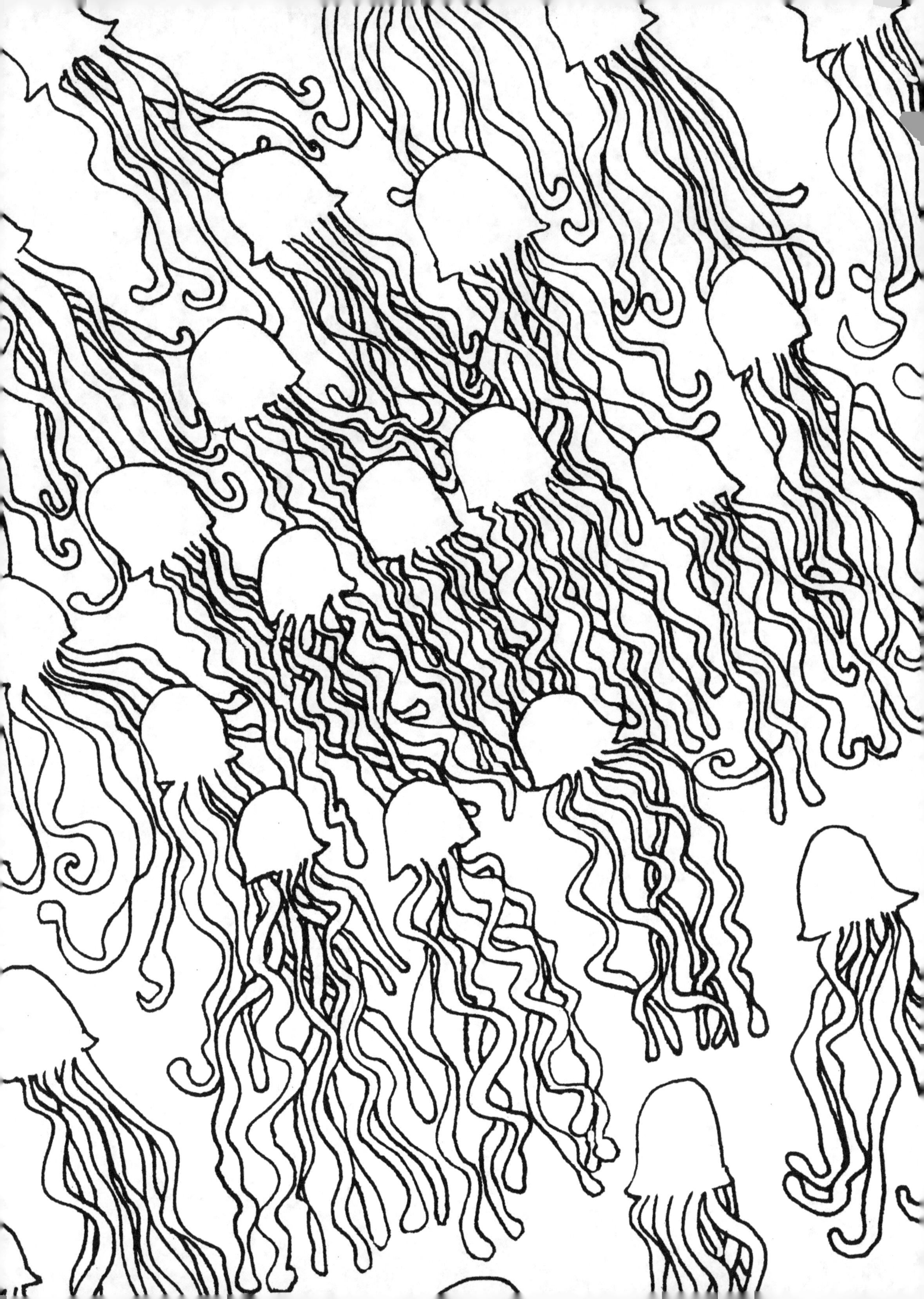

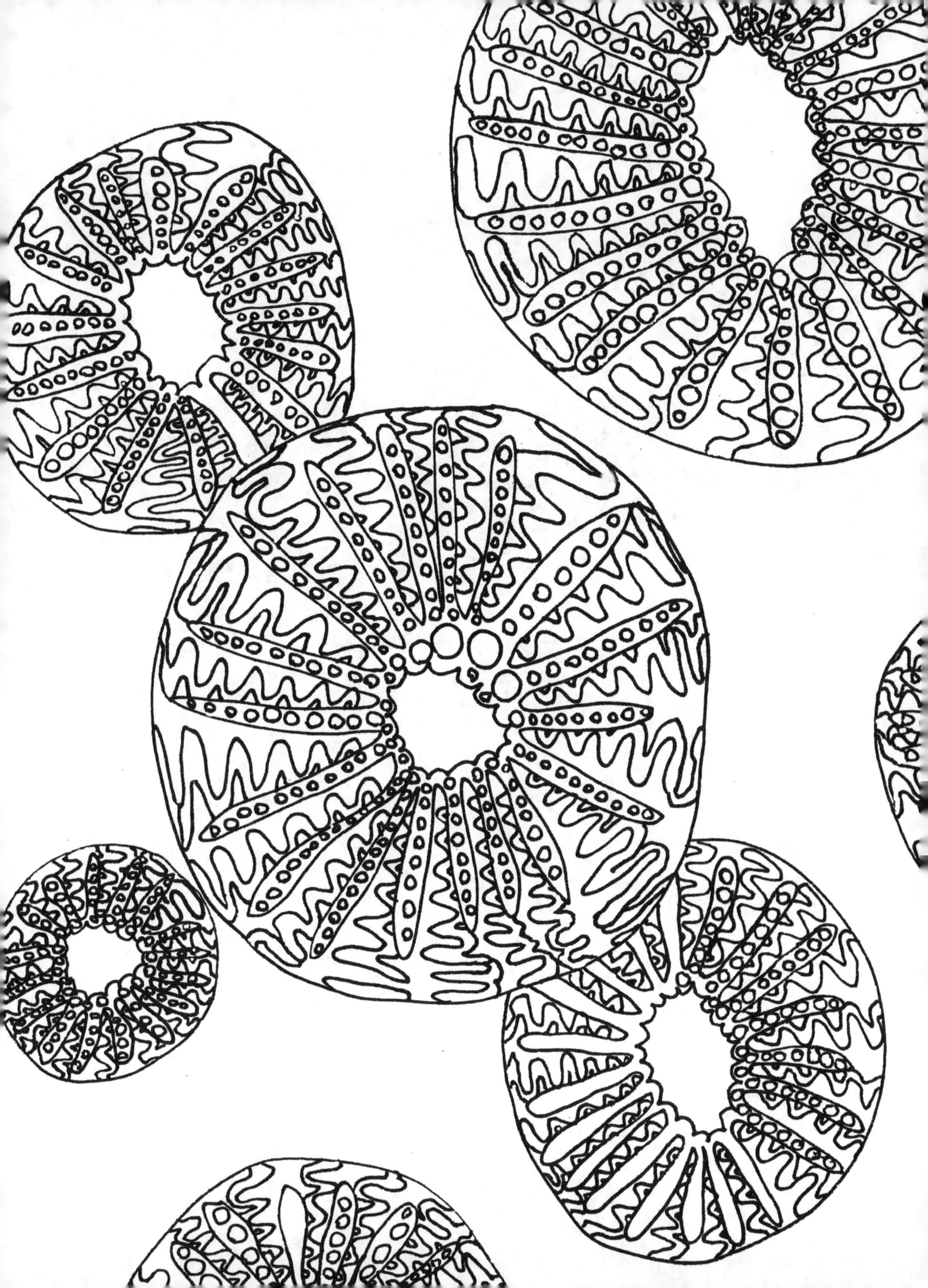

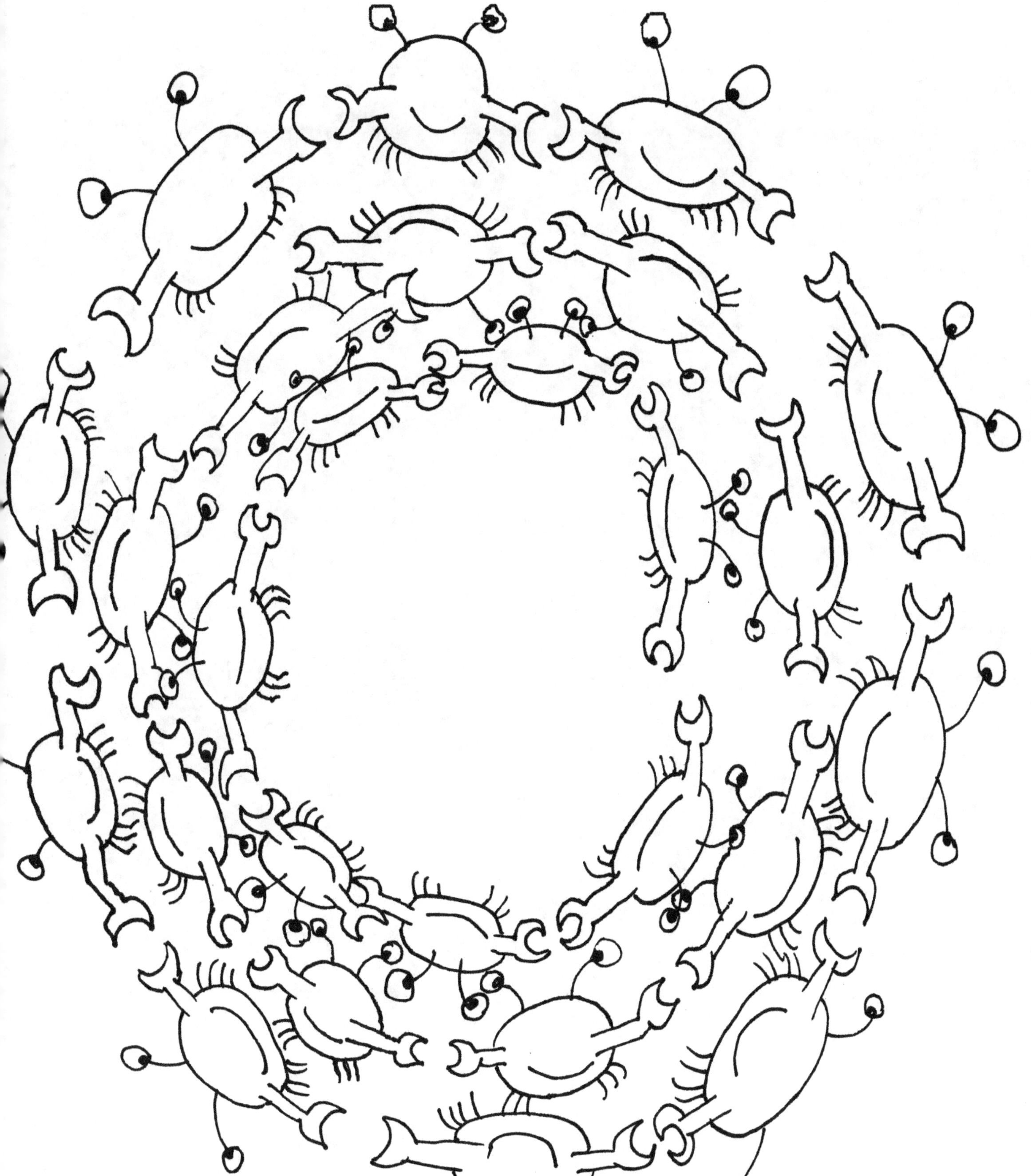

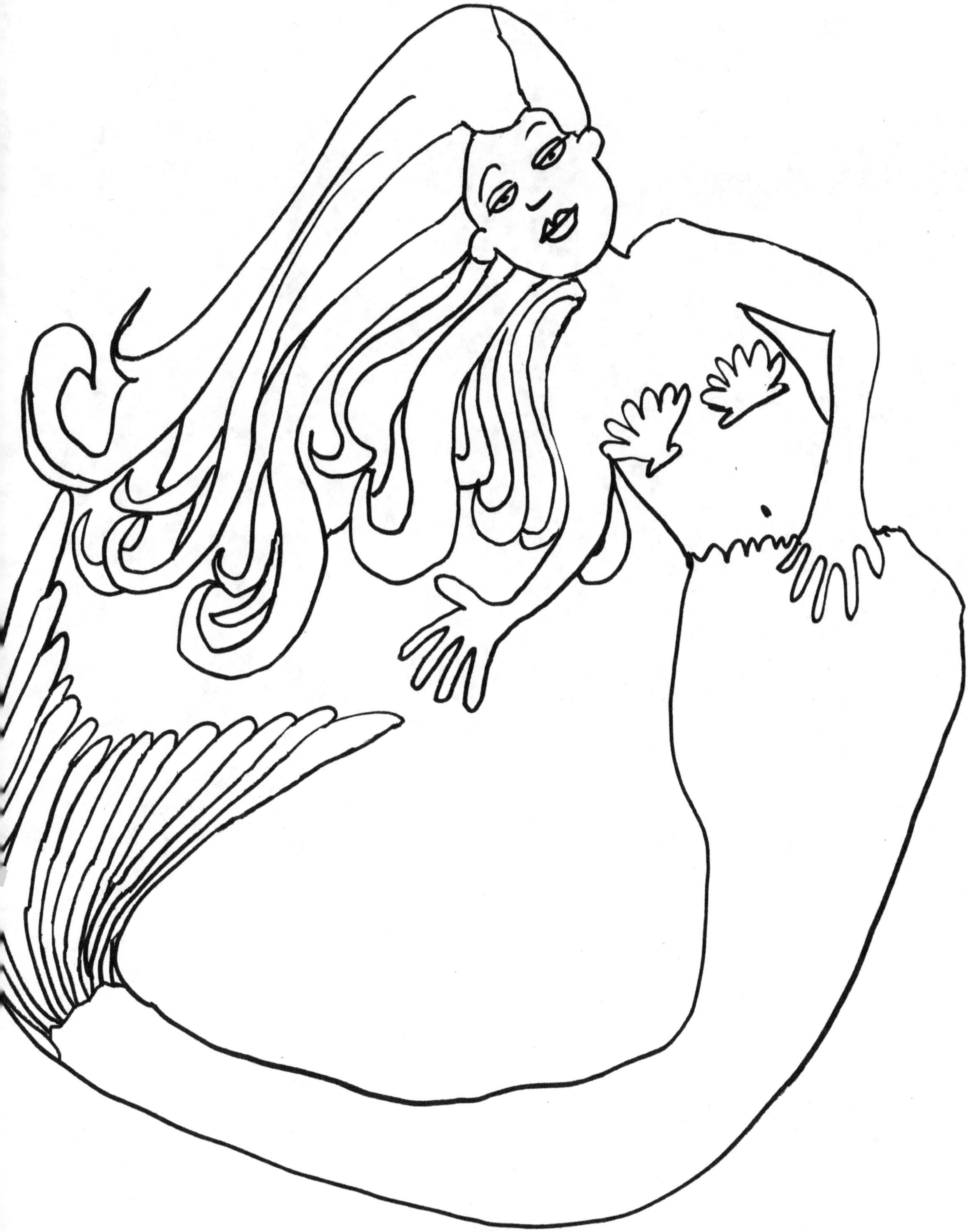

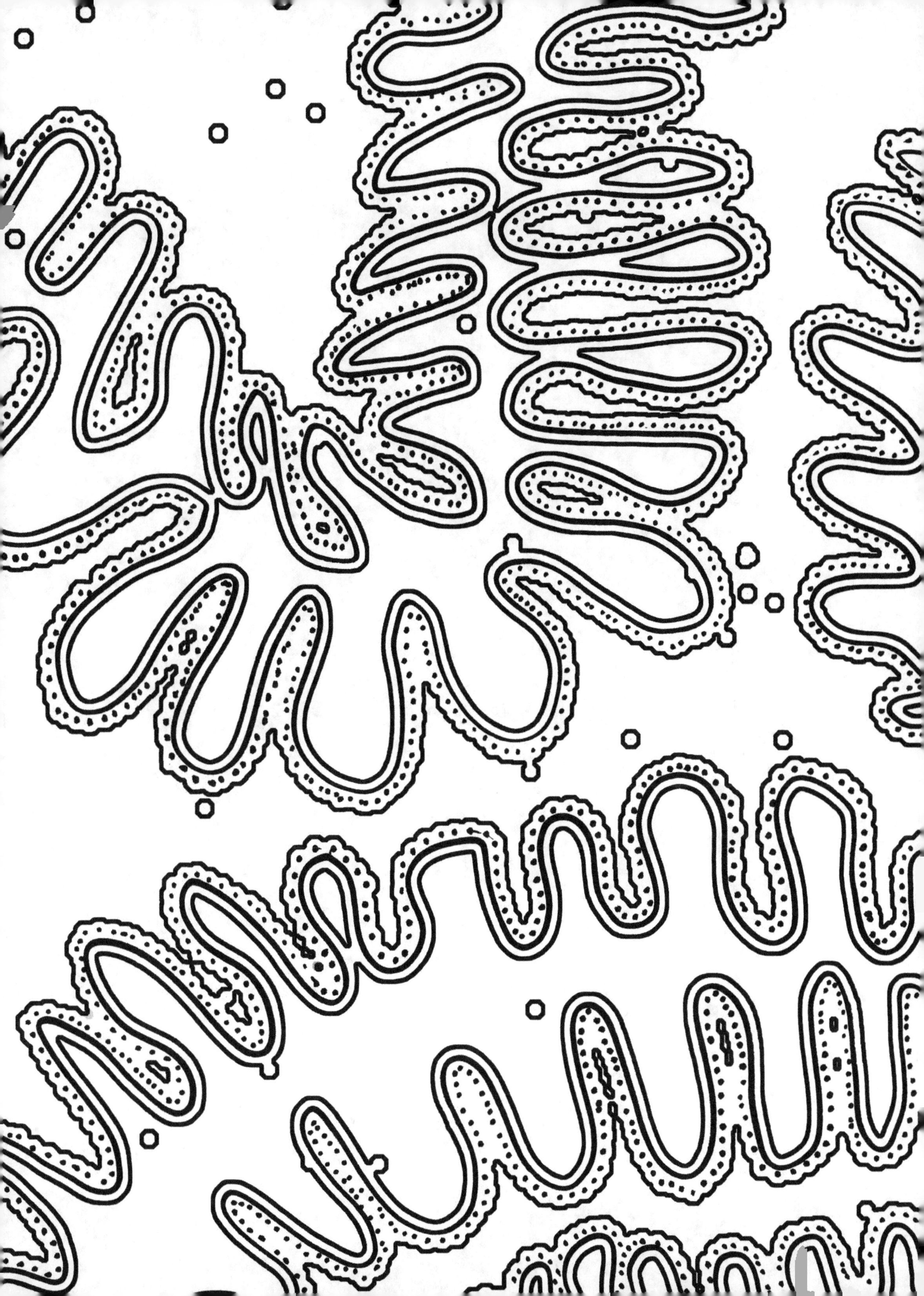

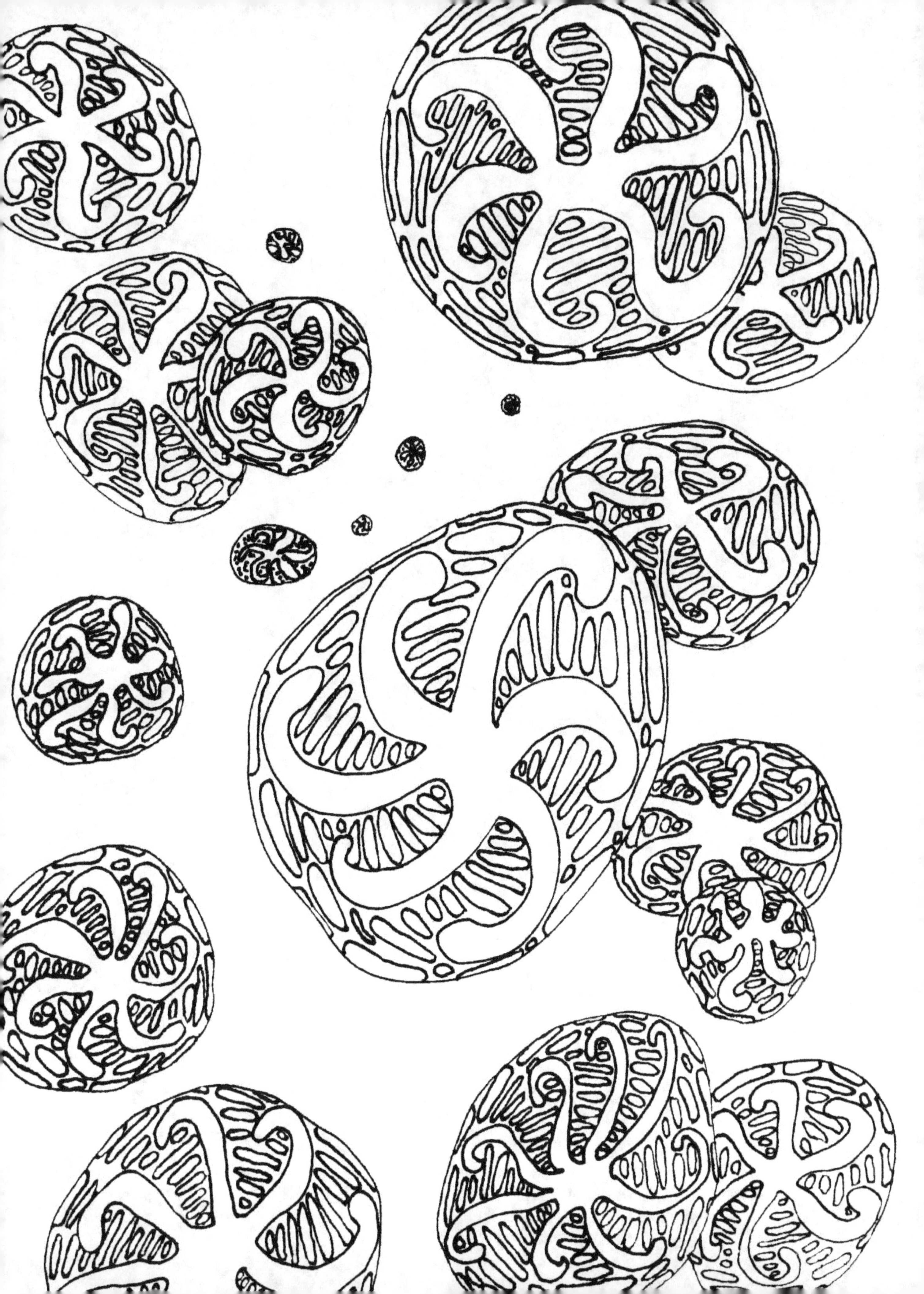

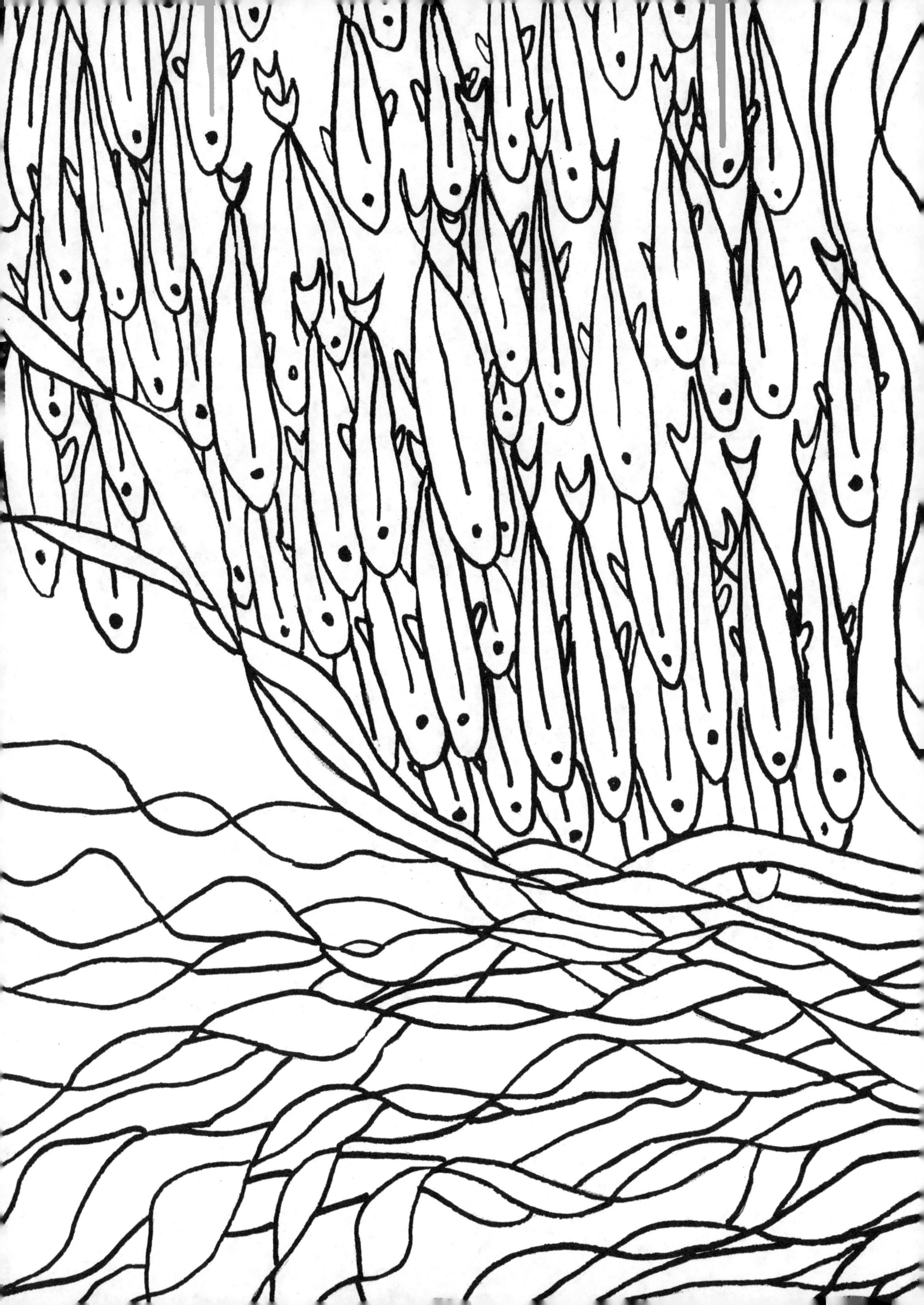

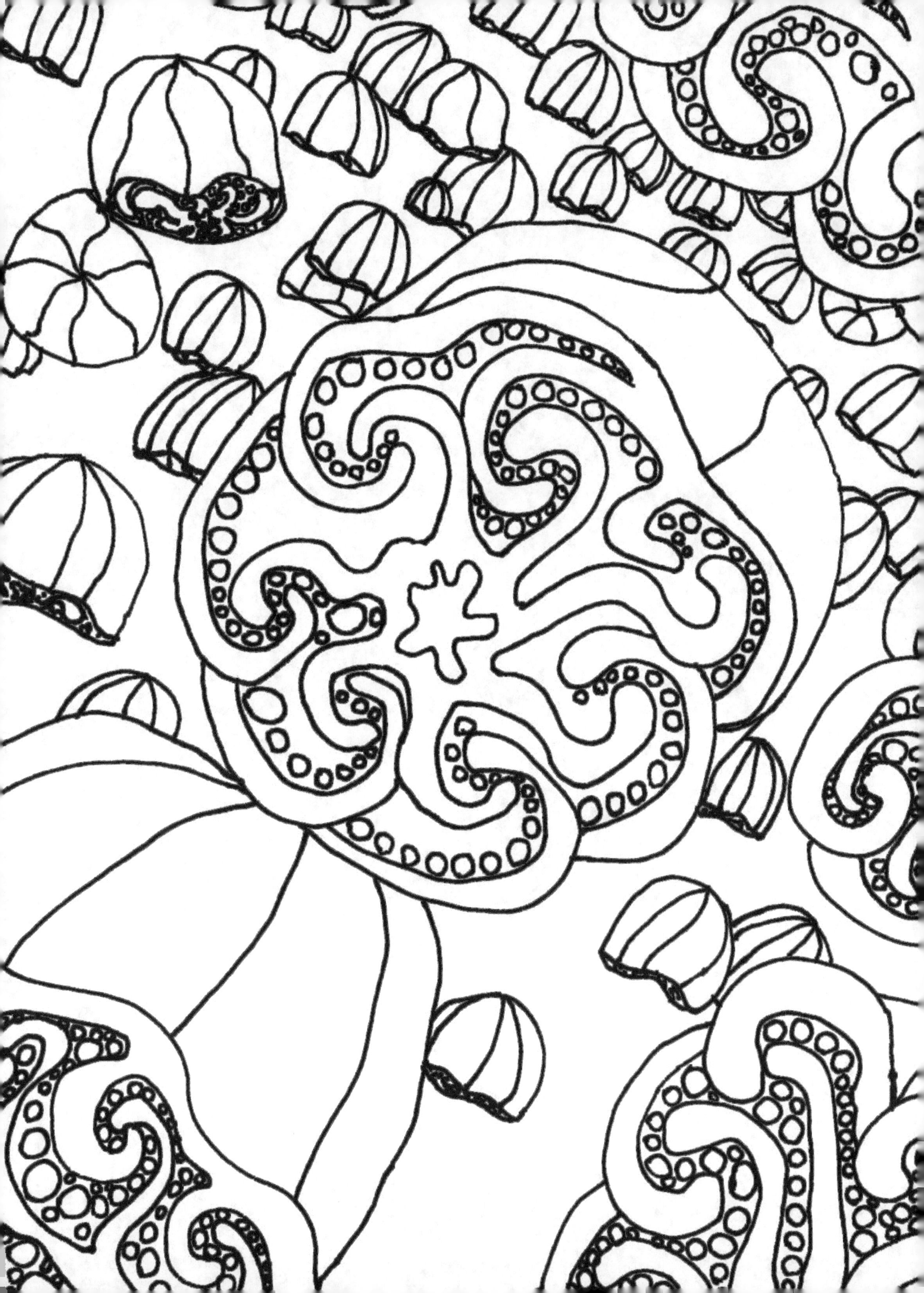

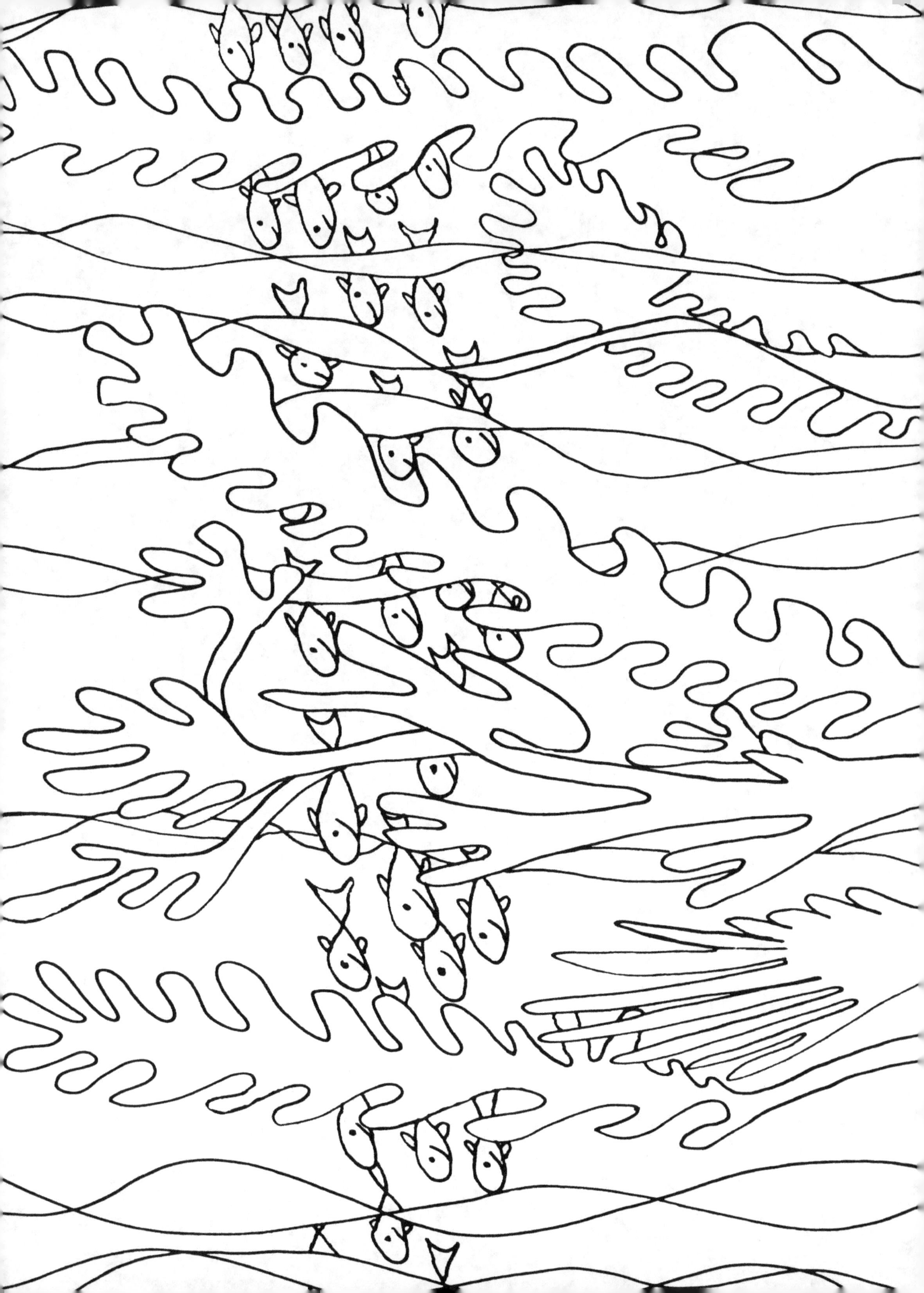

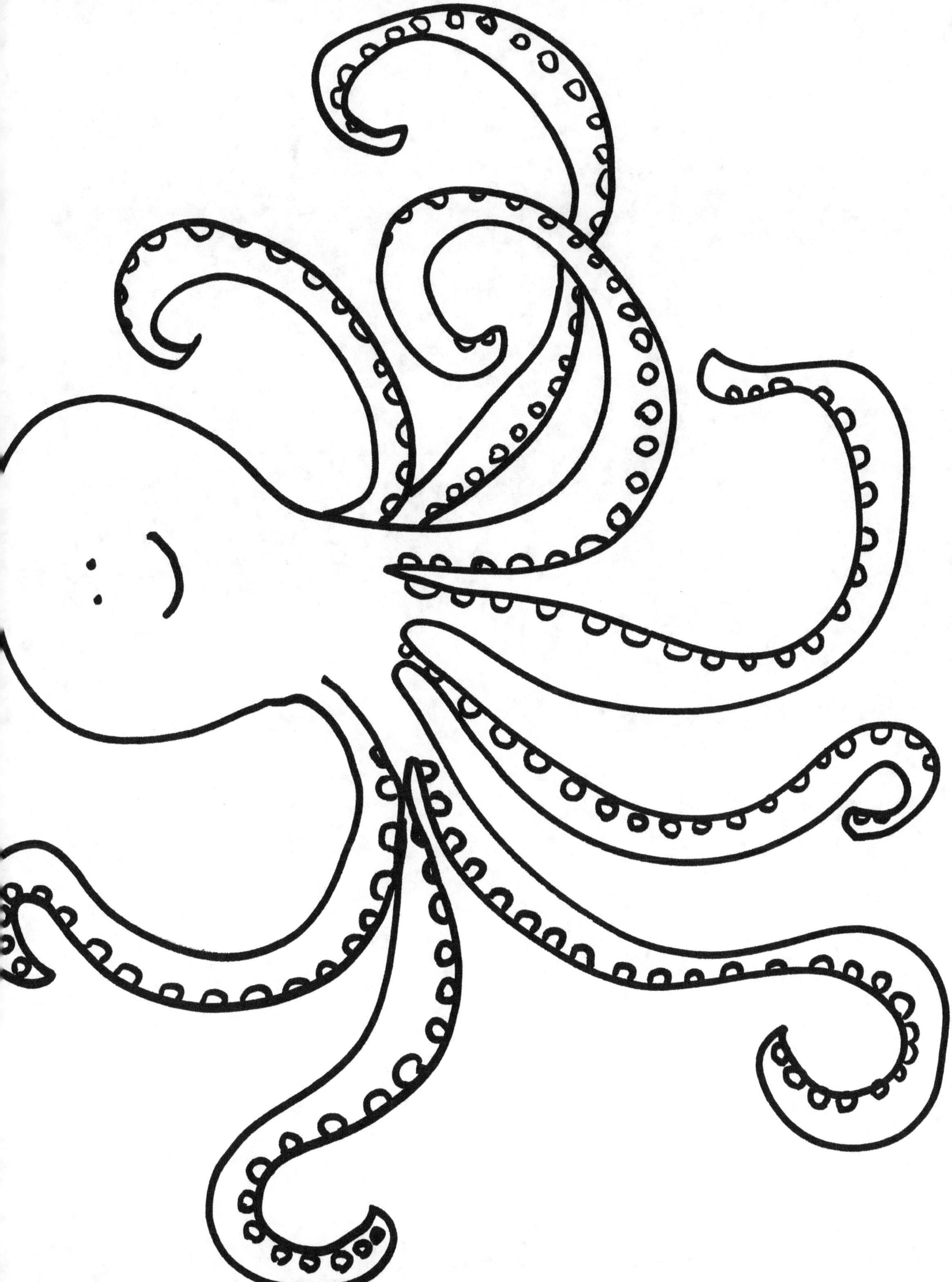

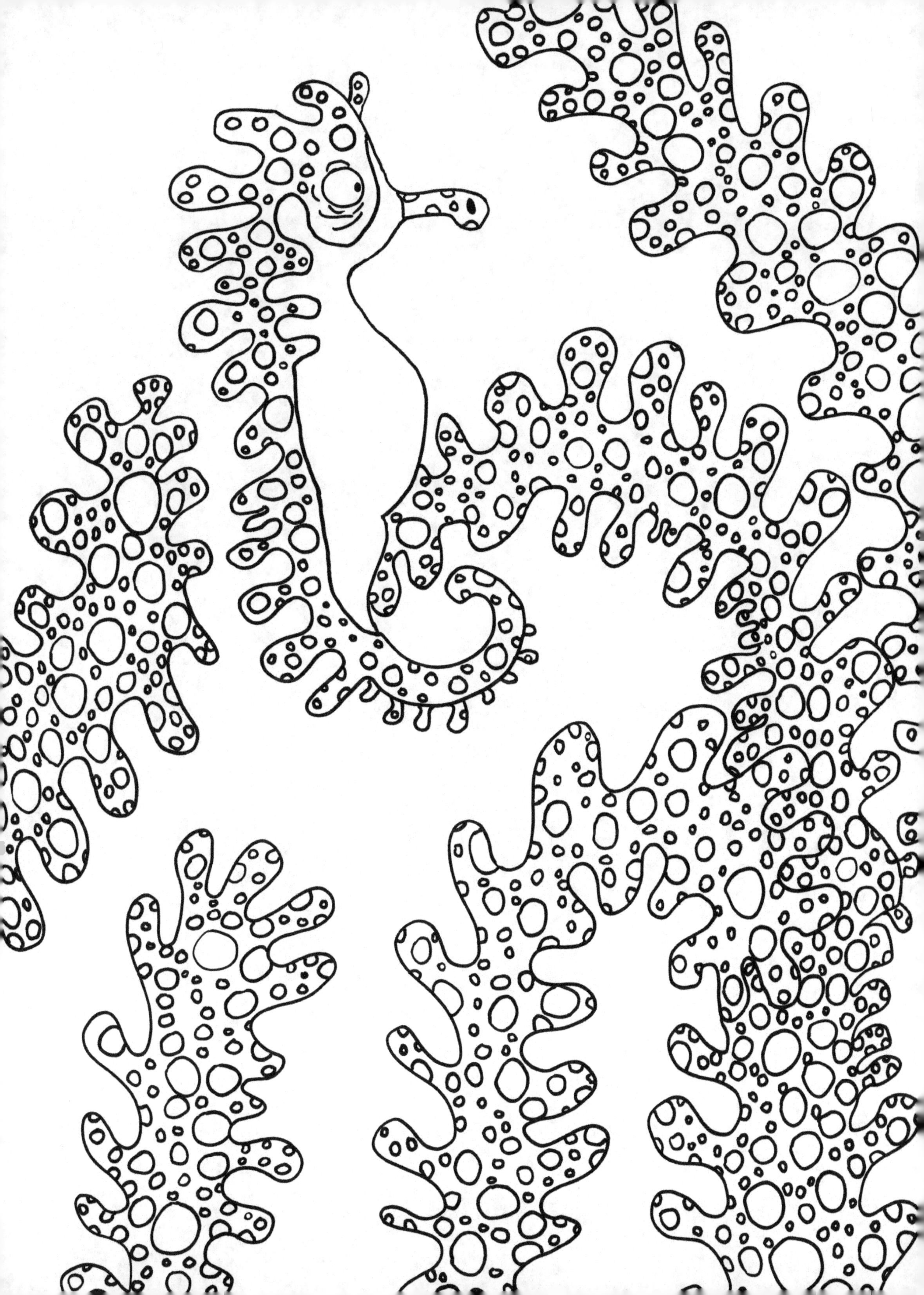

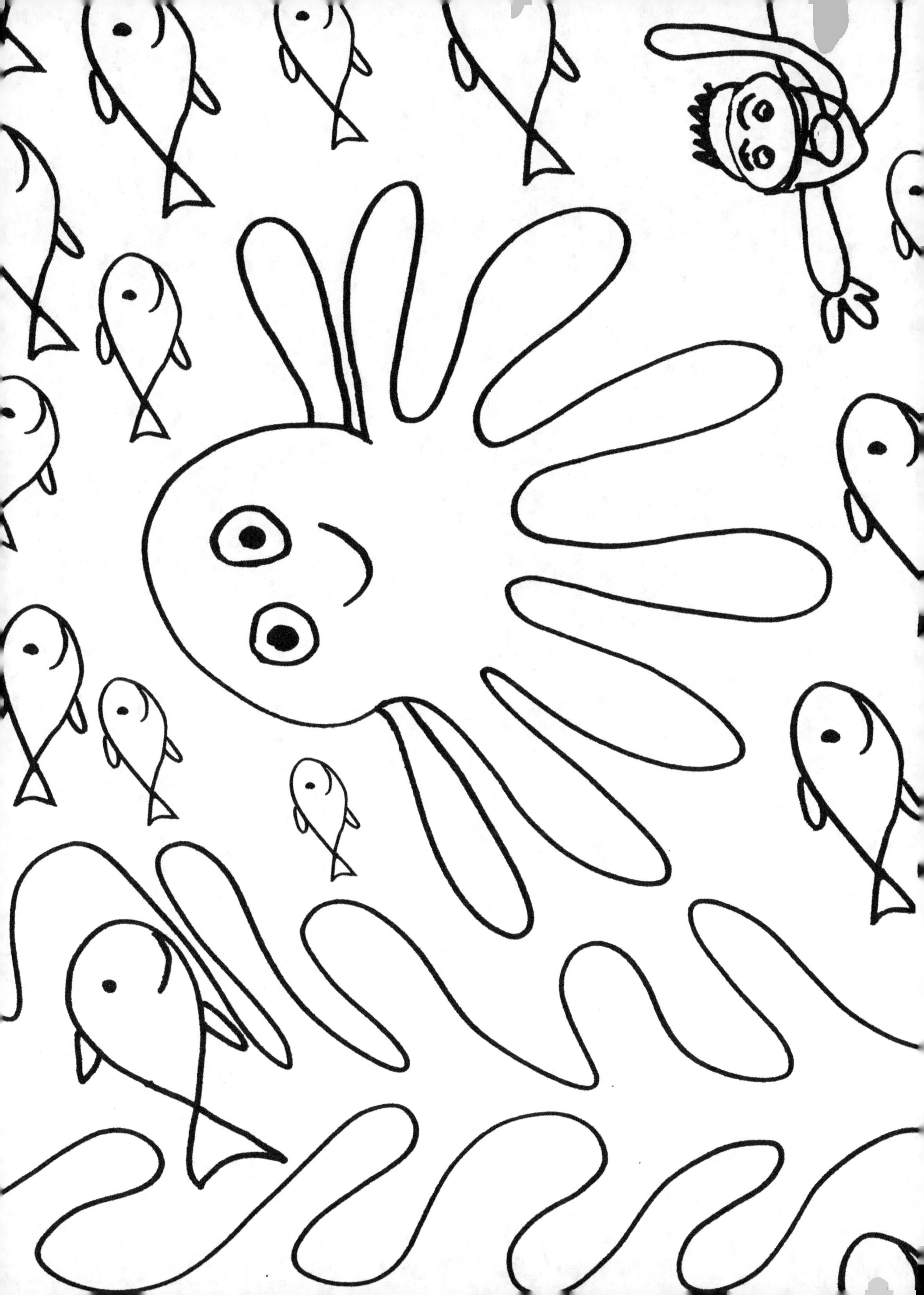

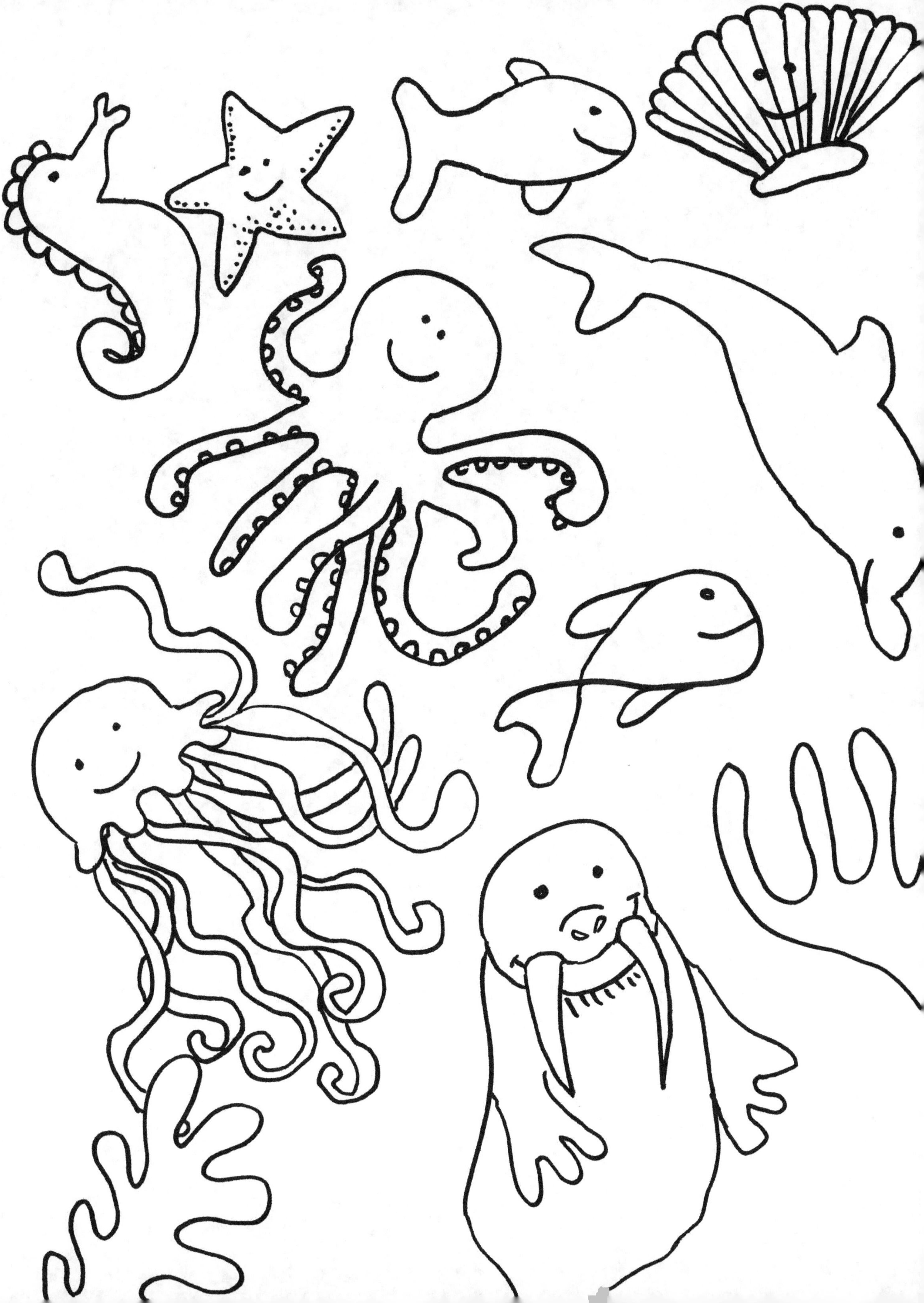

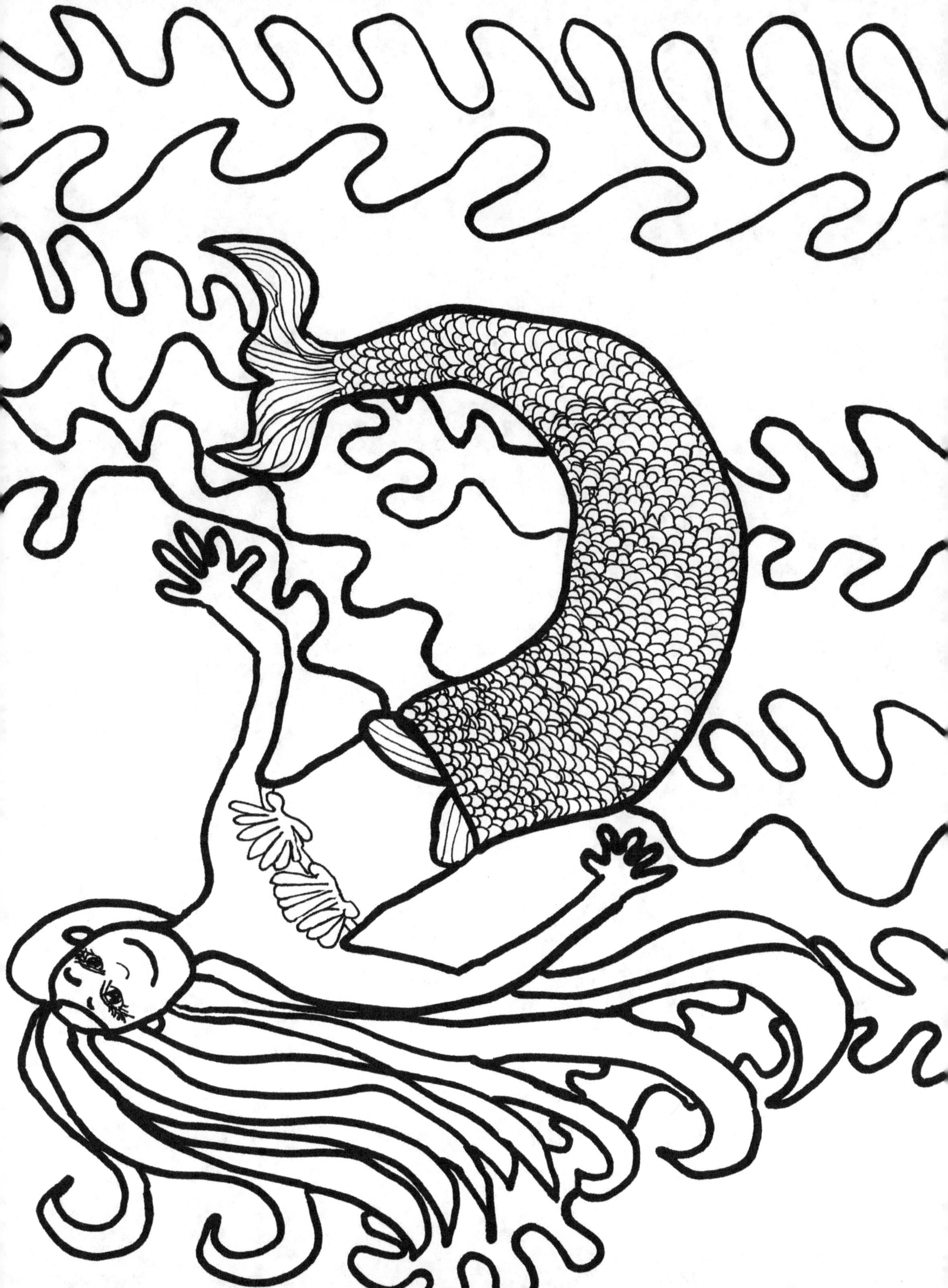

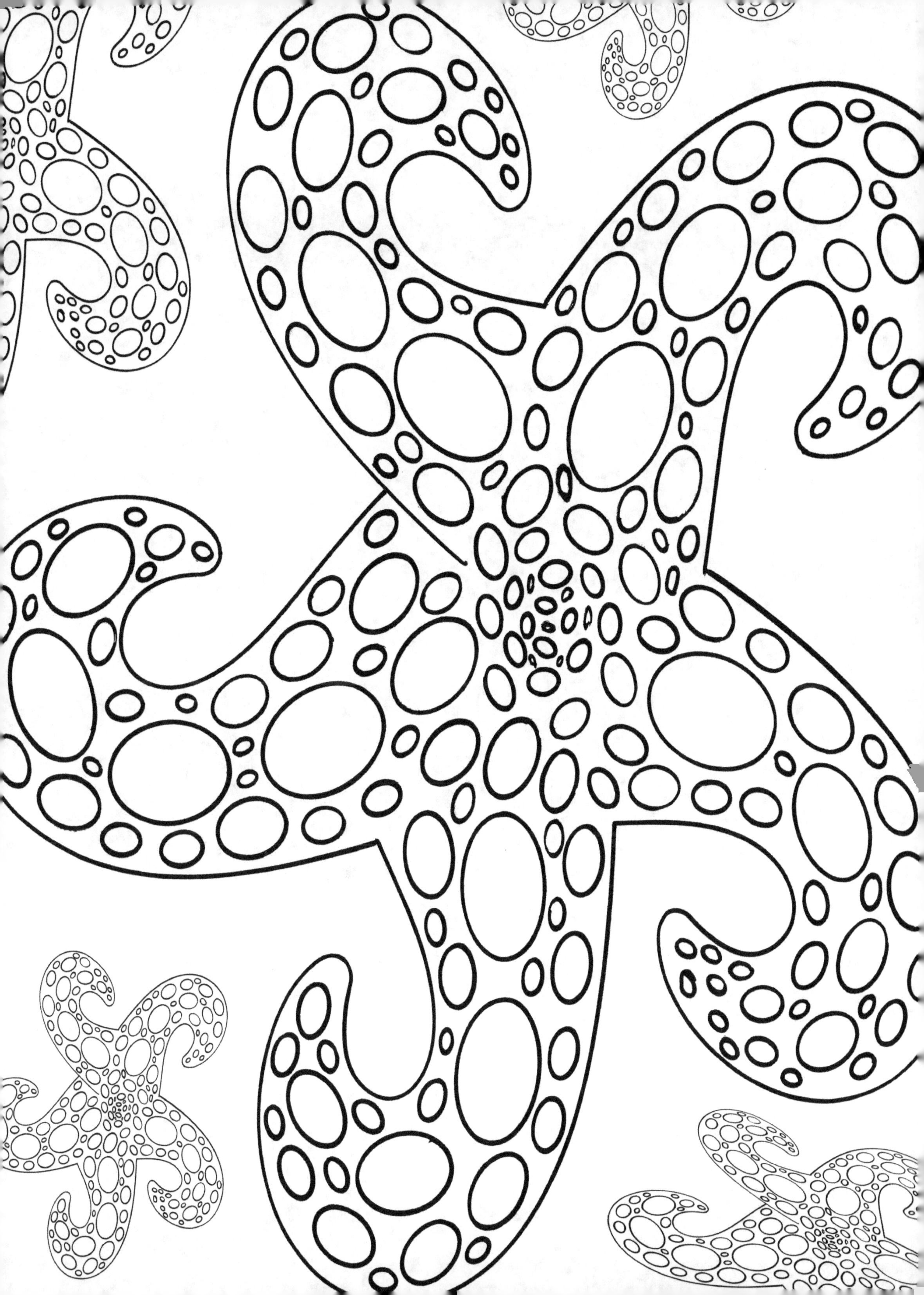

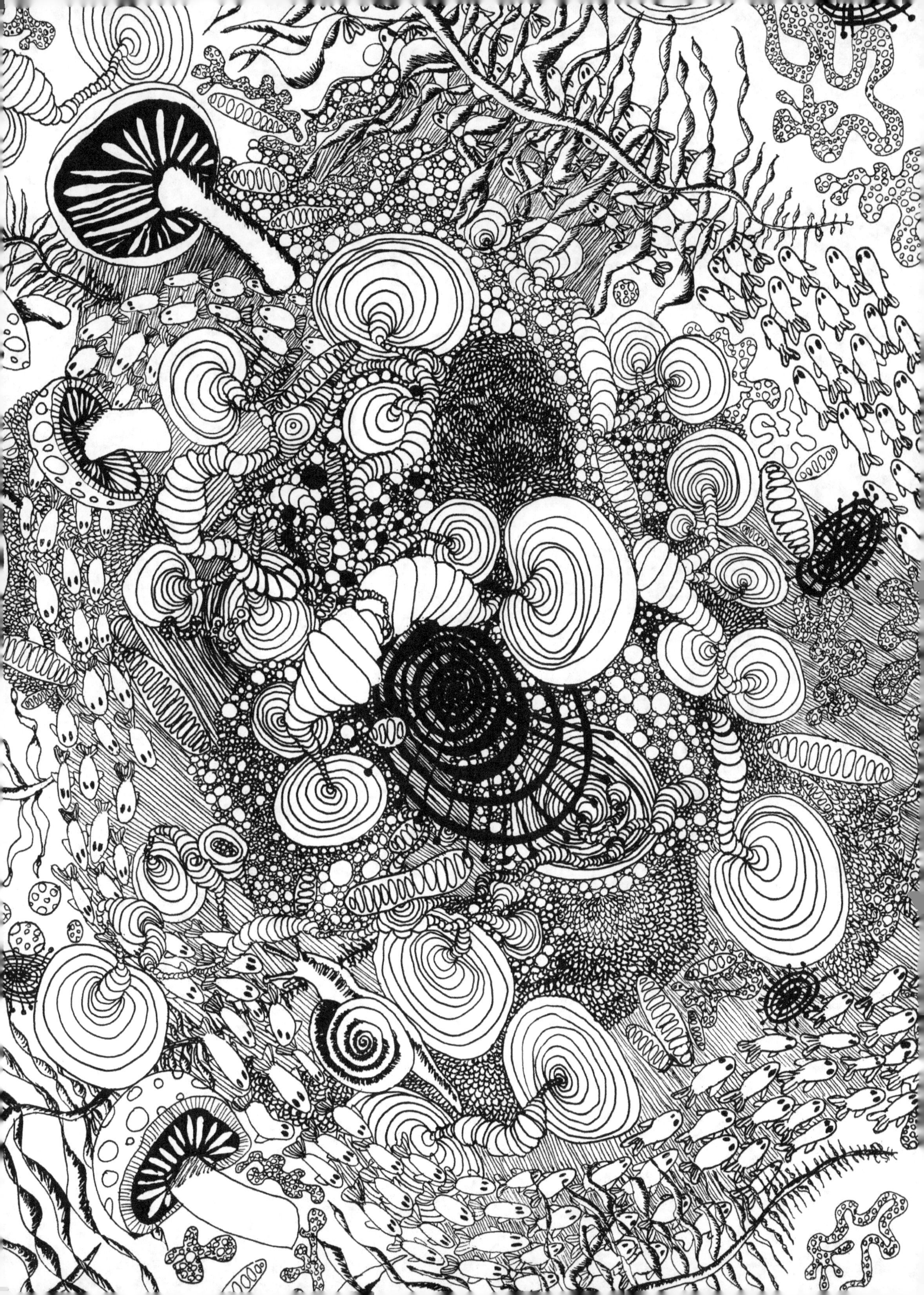

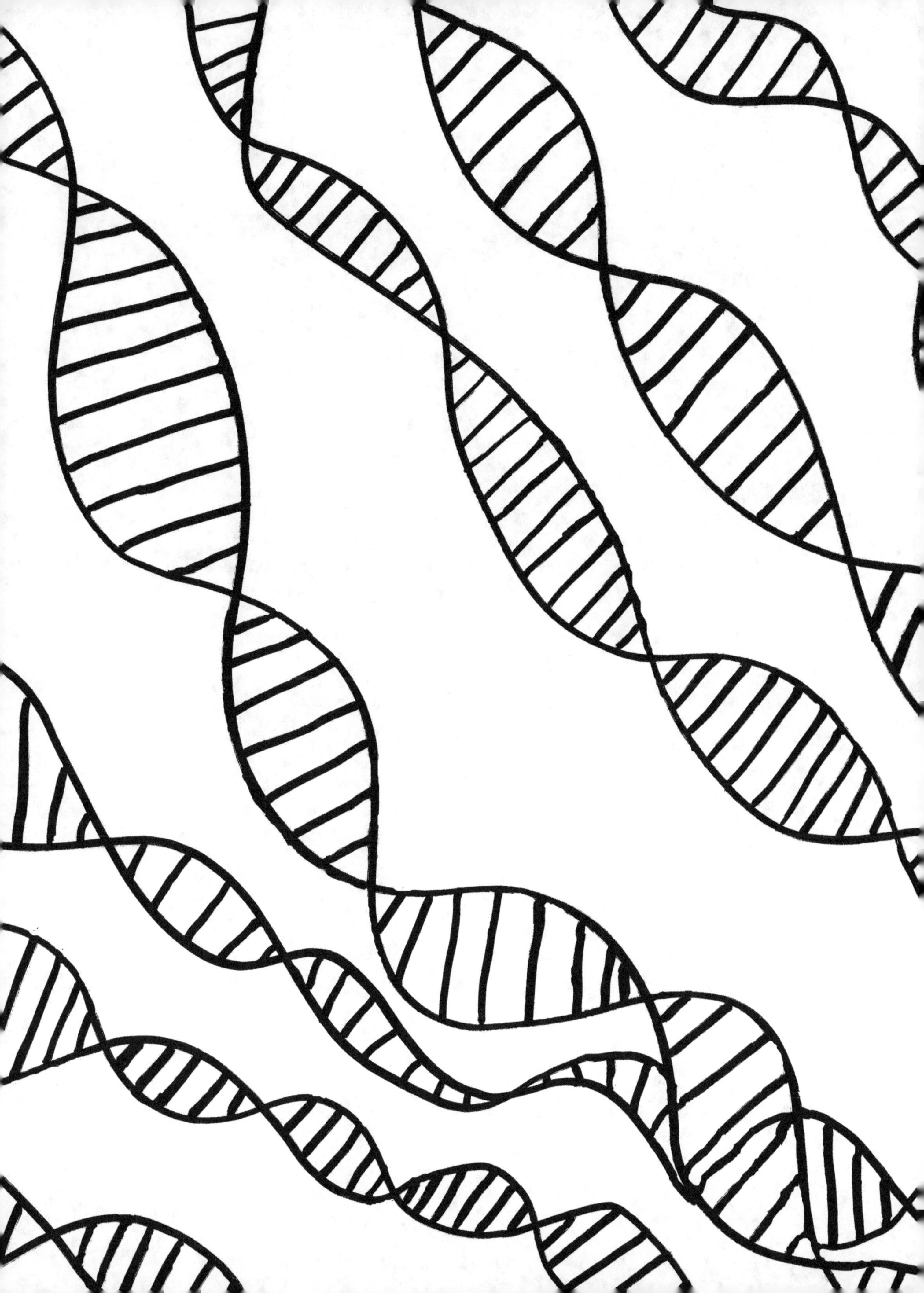

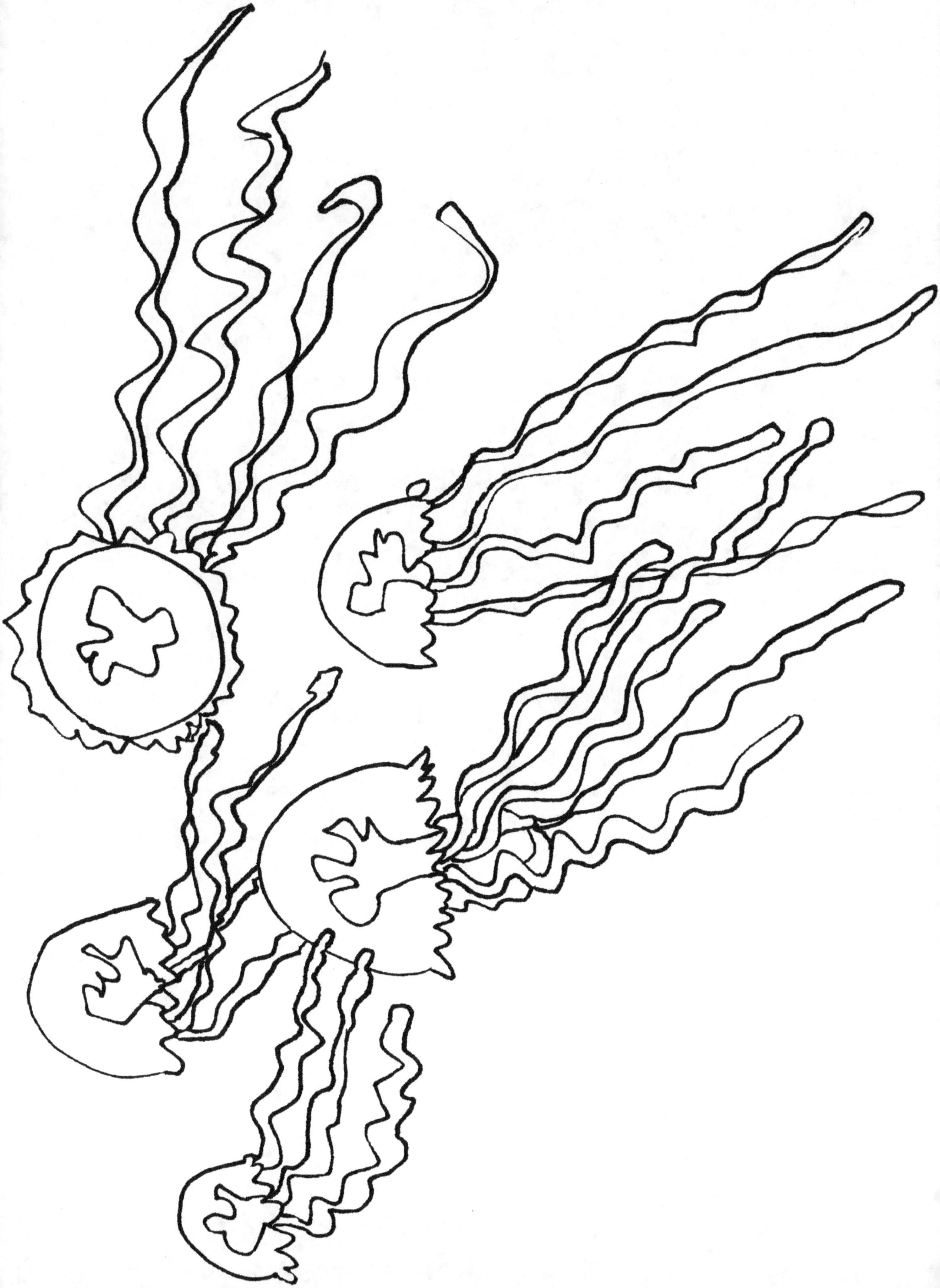

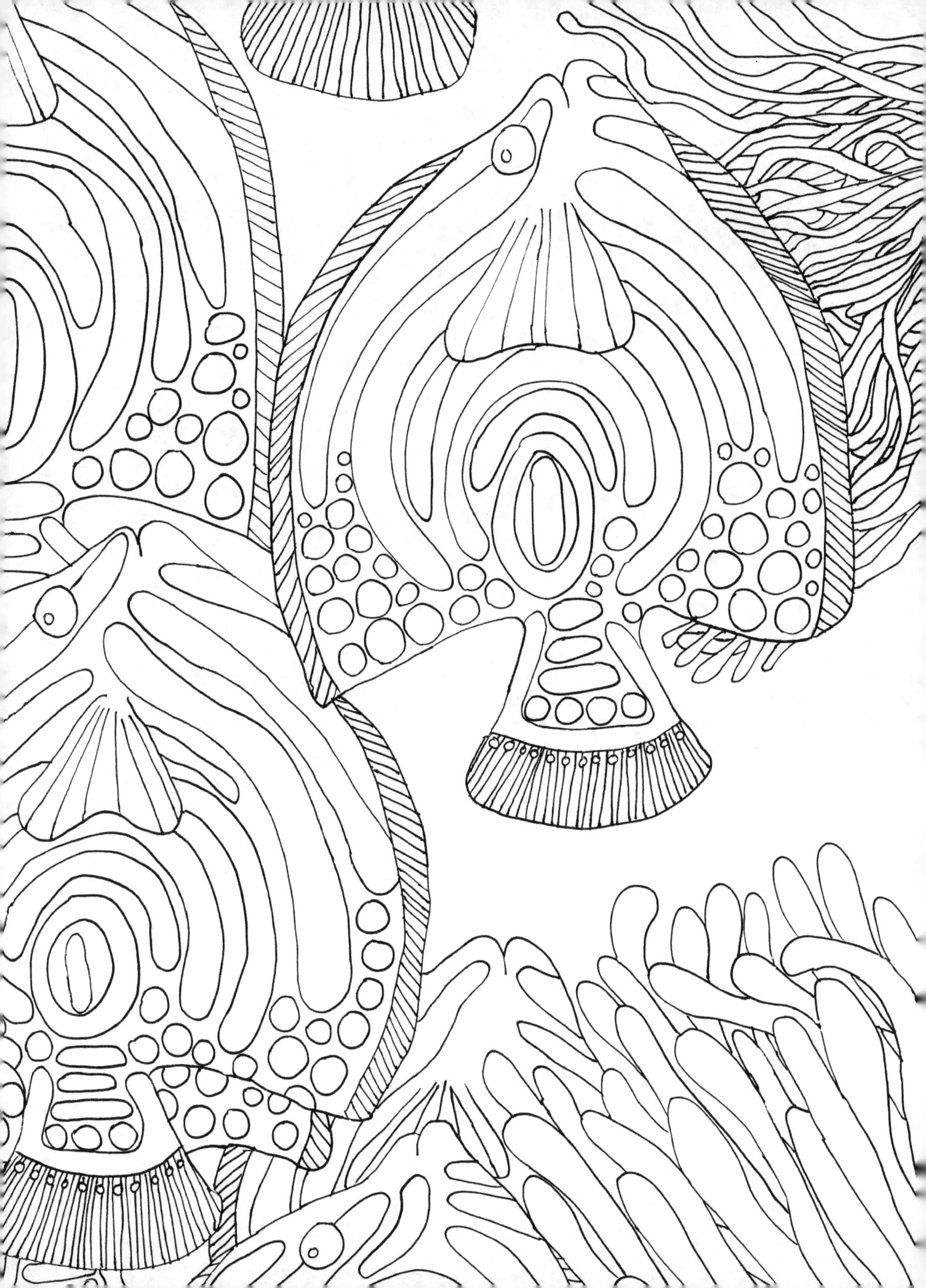

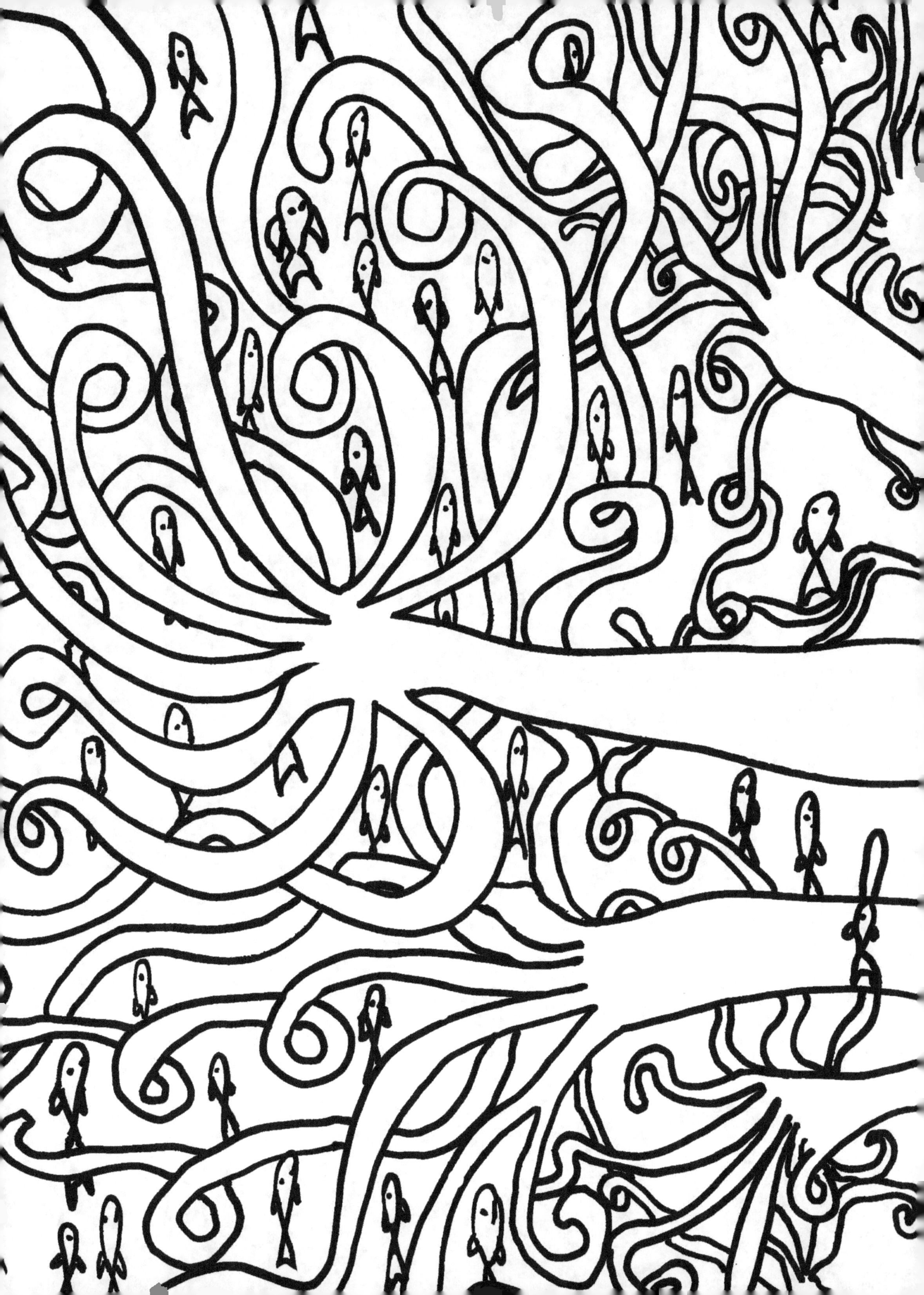

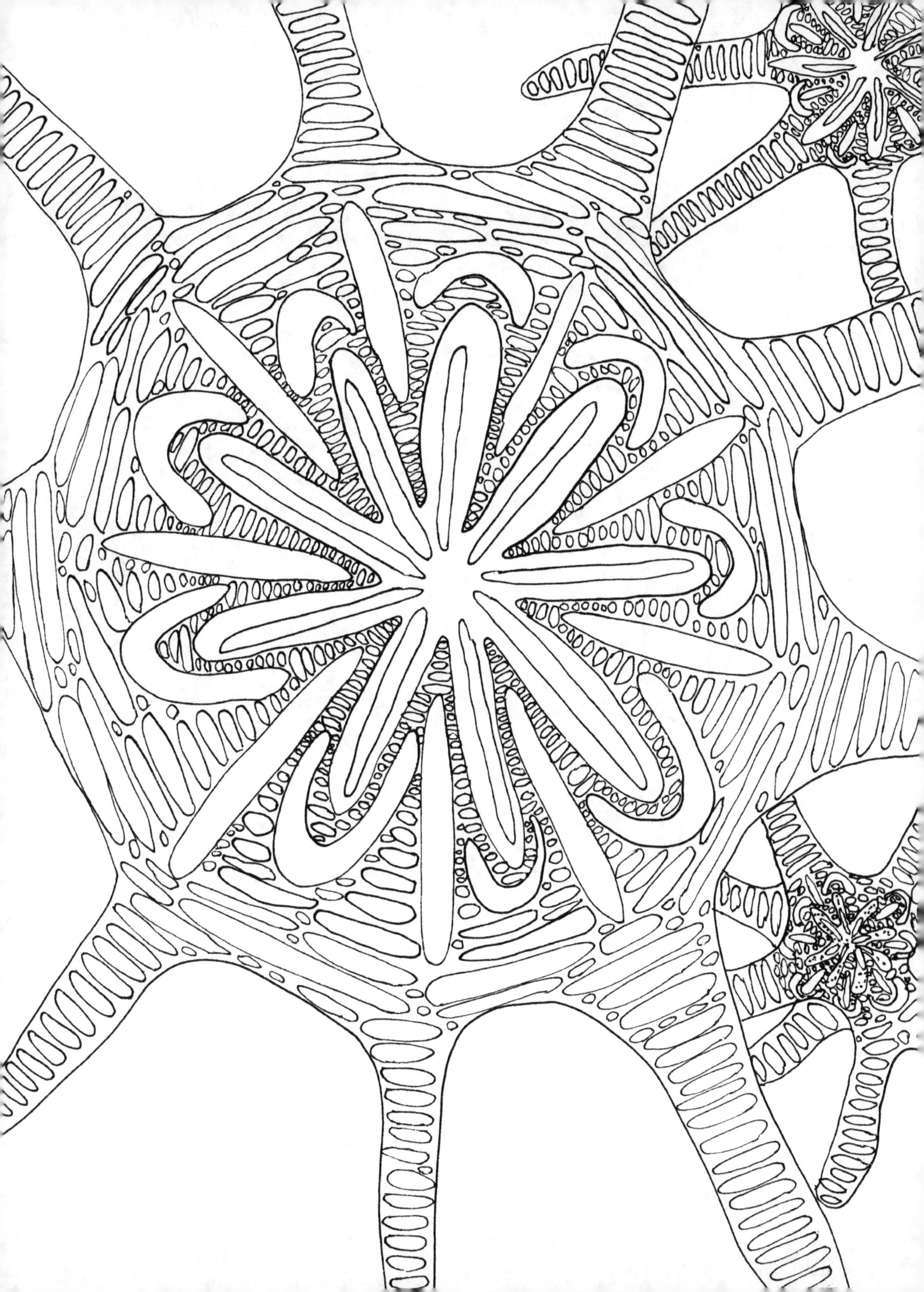

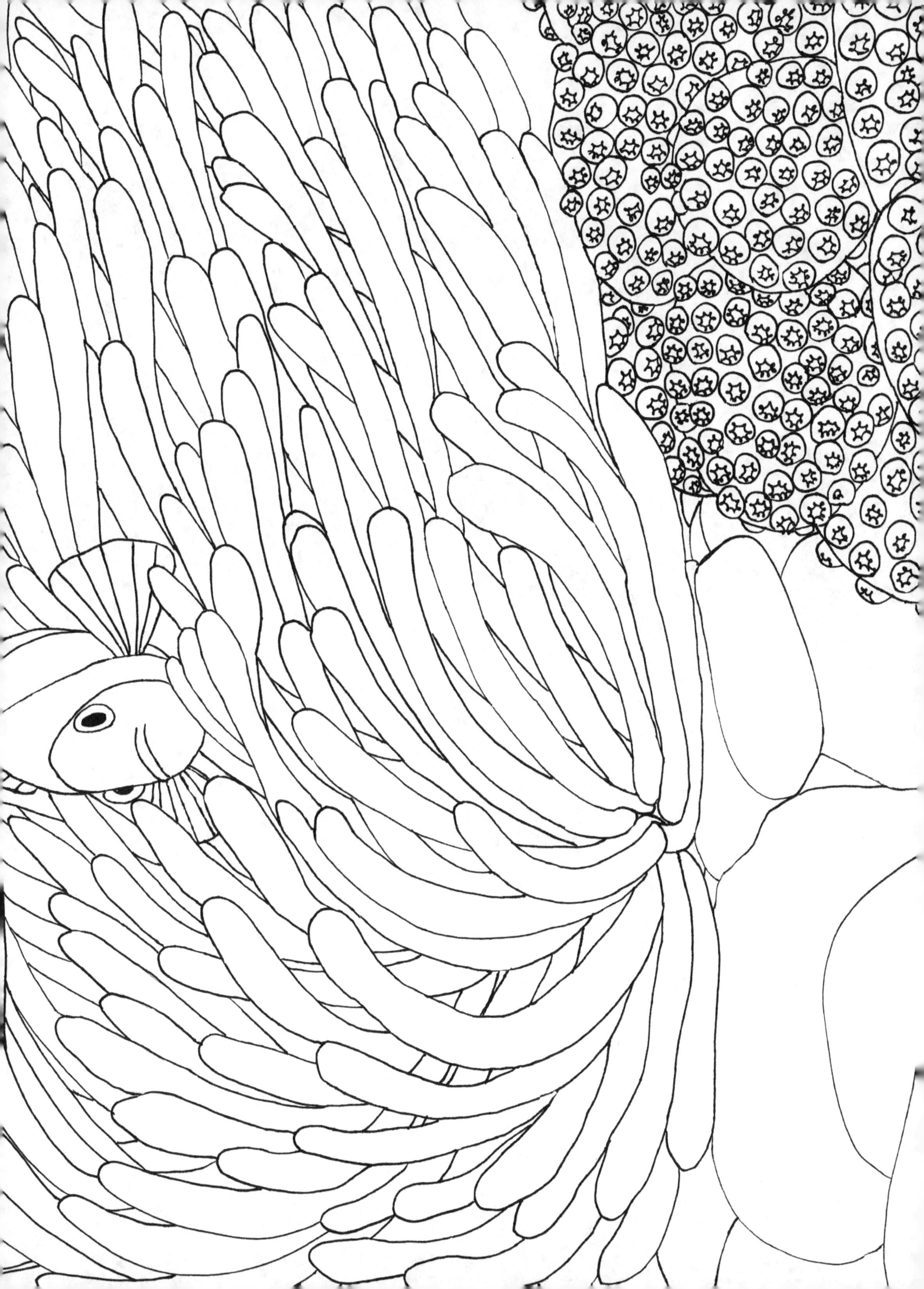

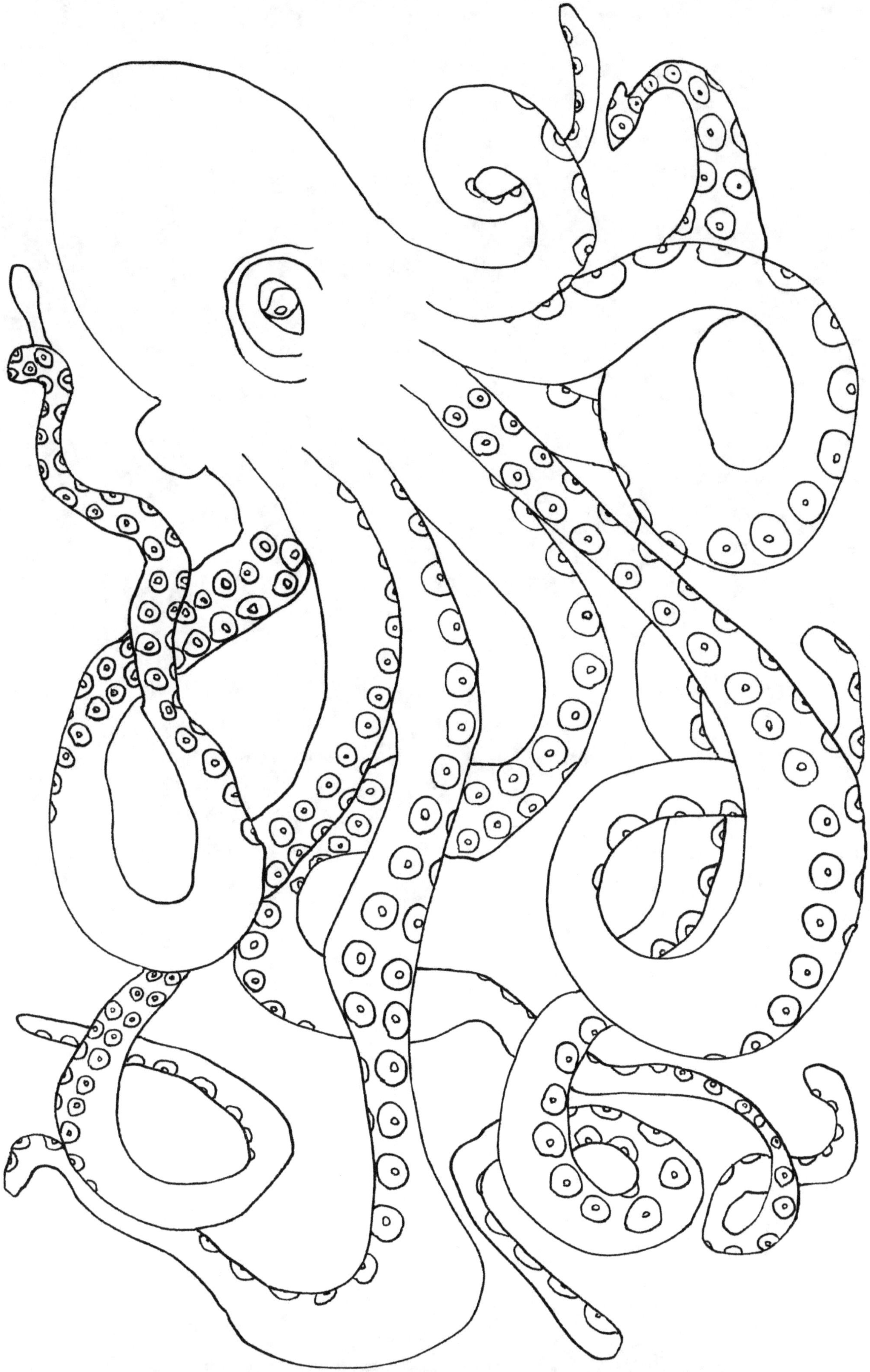

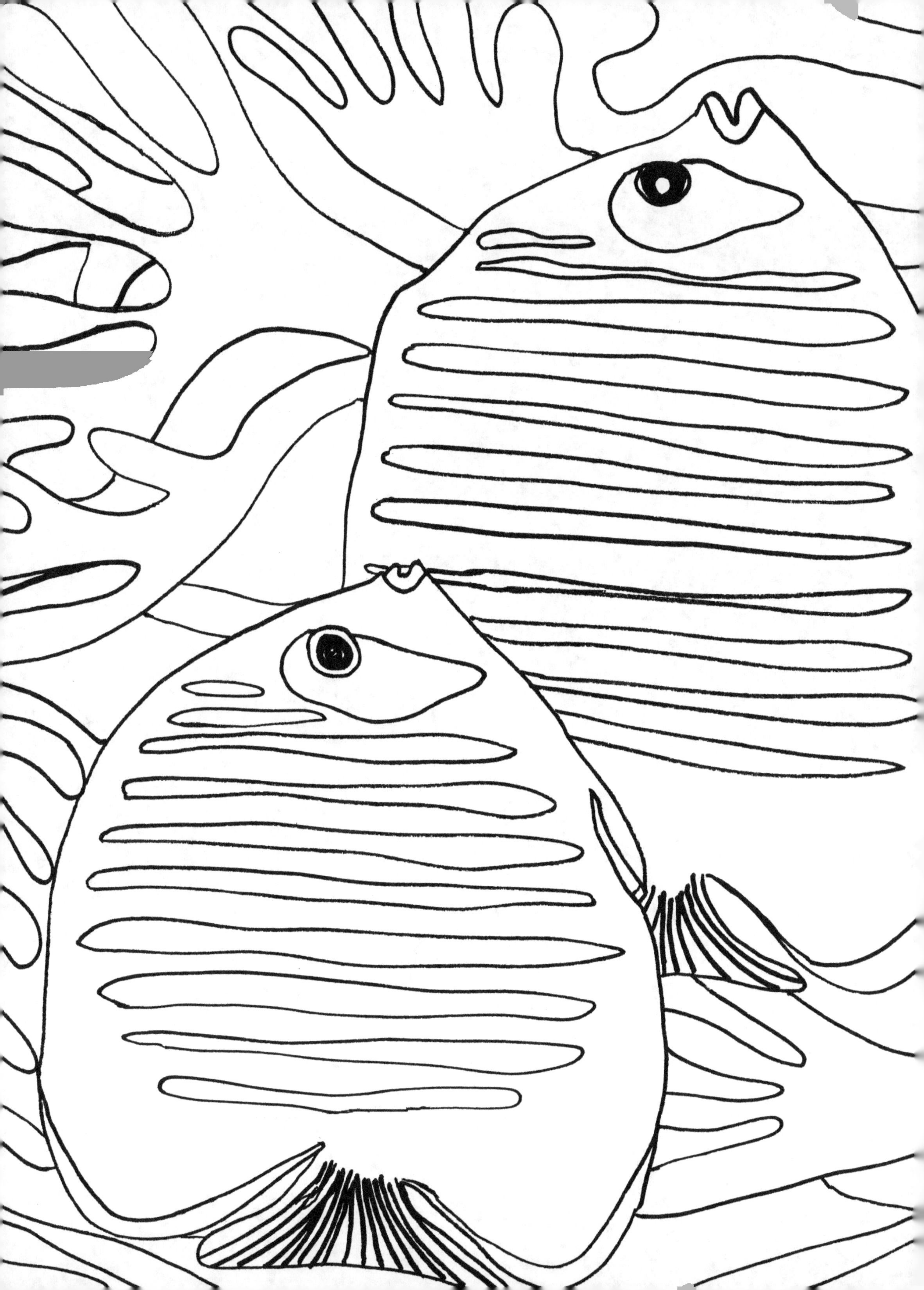

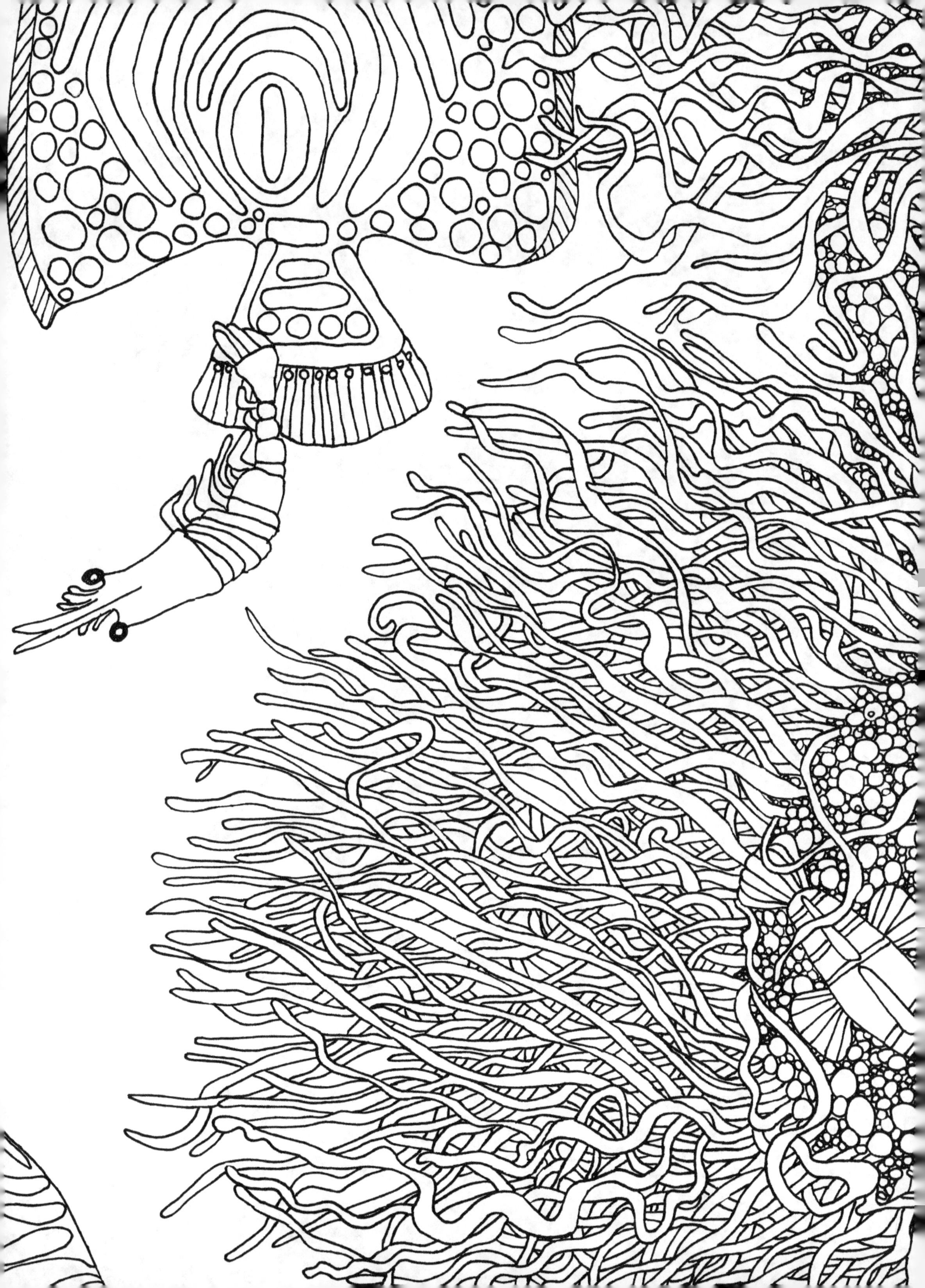

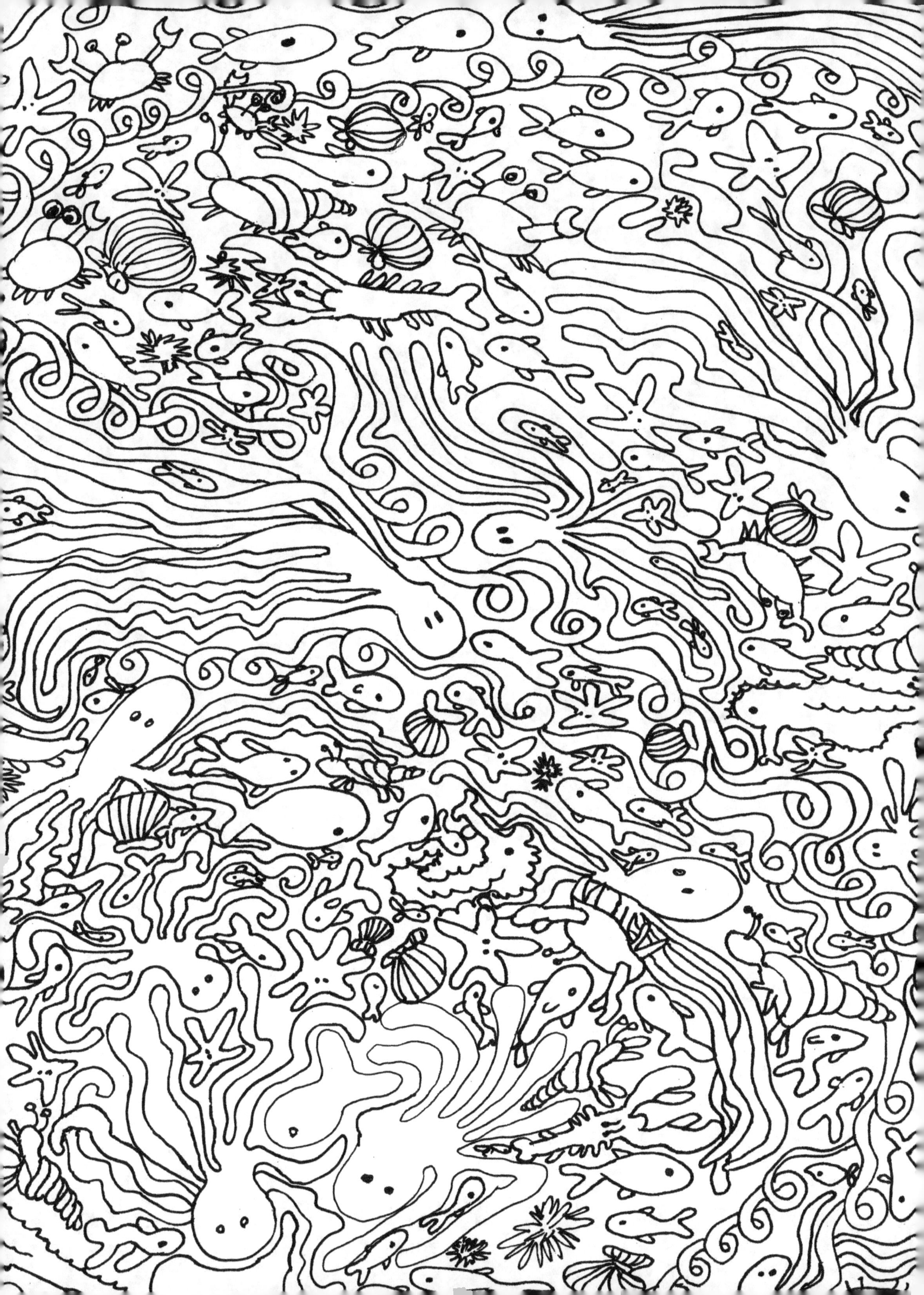

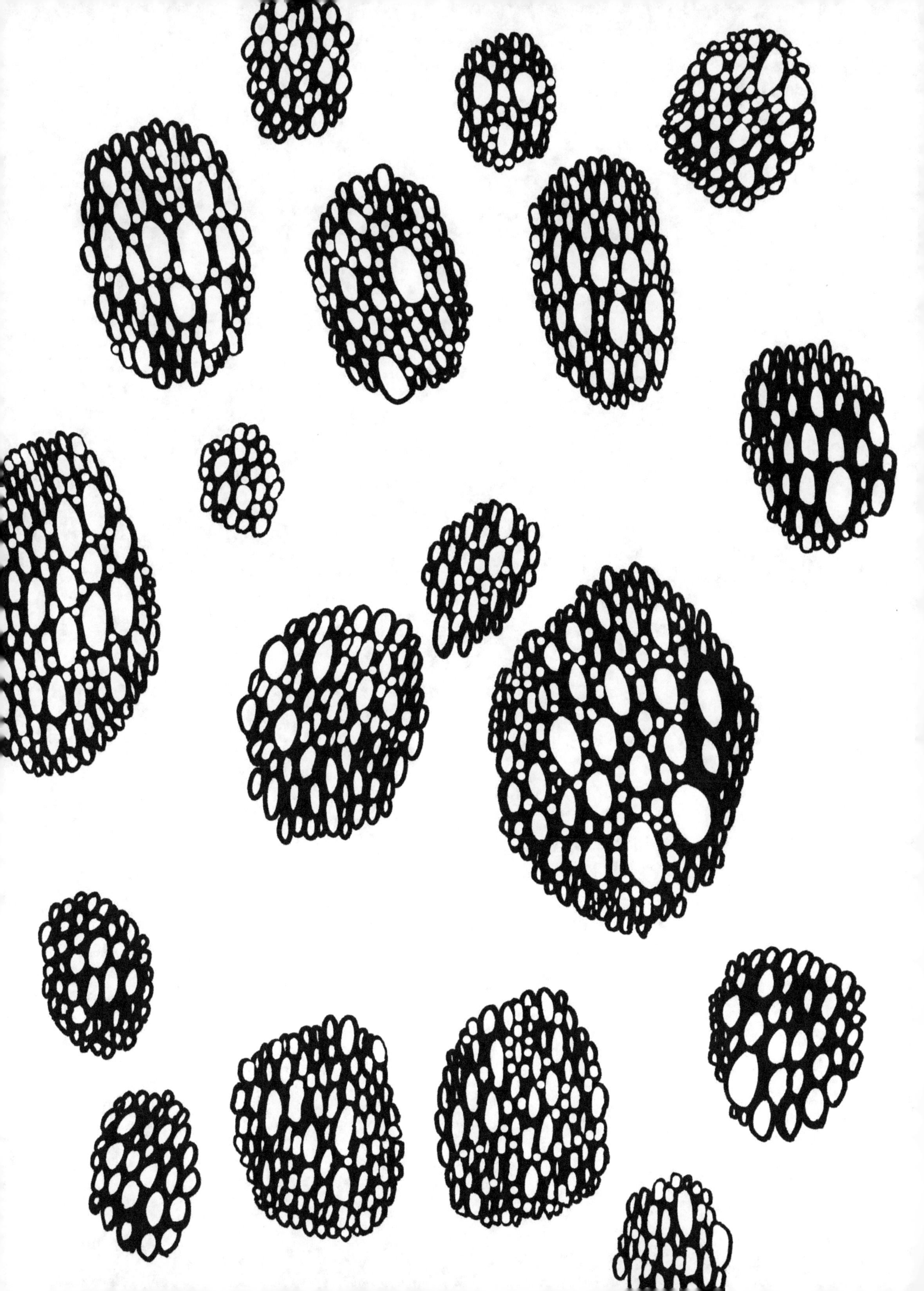

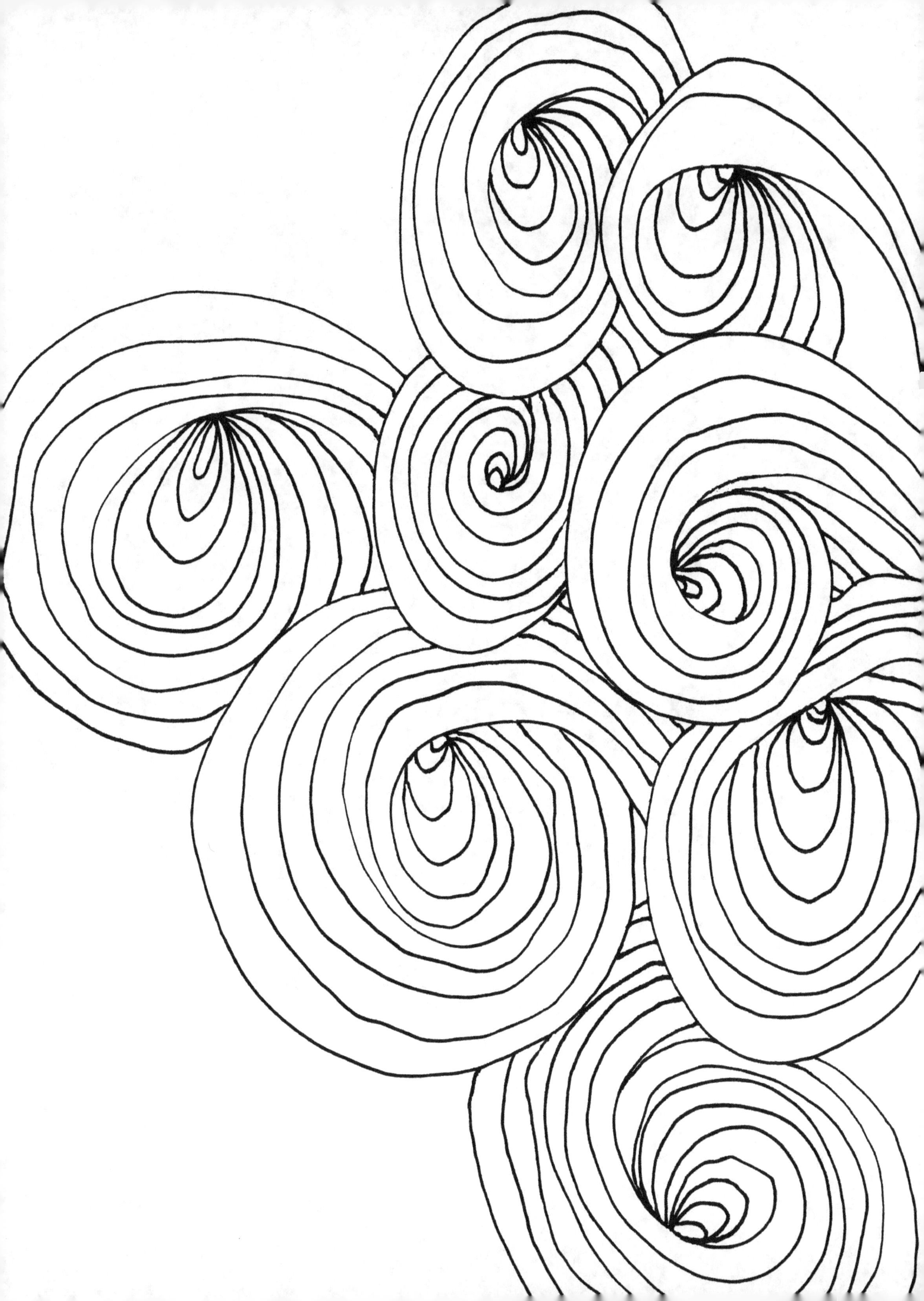

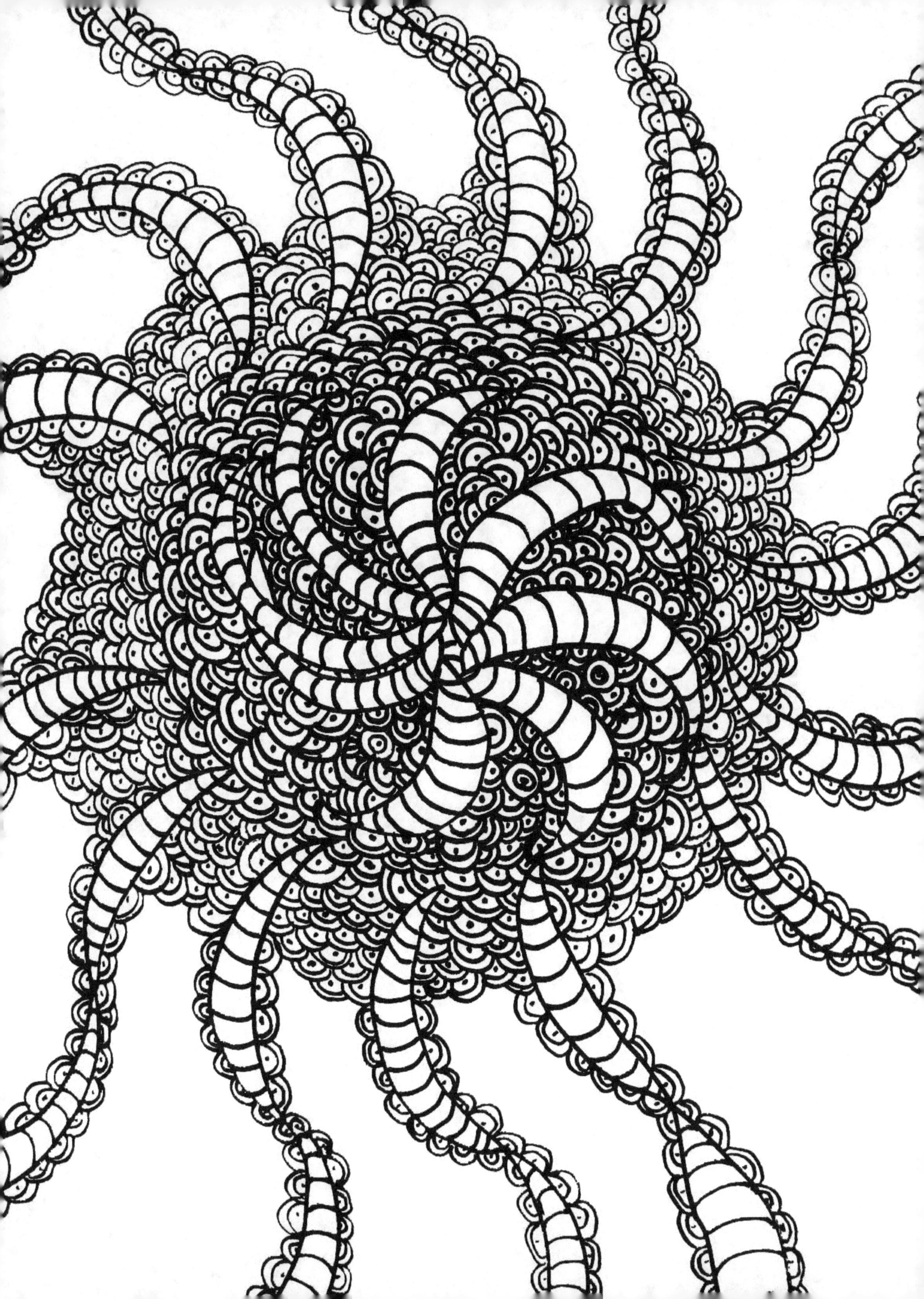

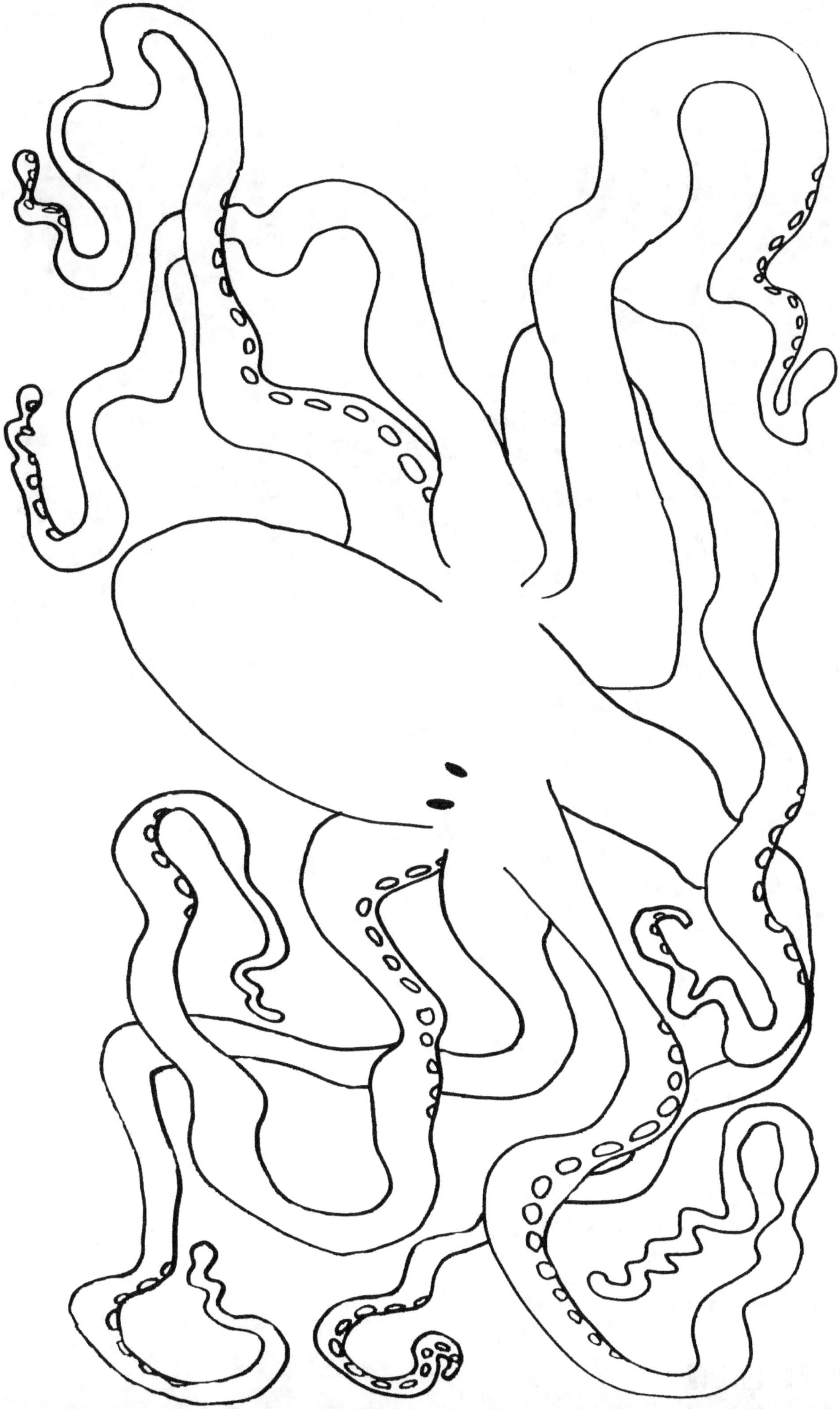

www.ingramcontent.com/pod-product-compliance
Lightning Source LLC
Chambersburg PA
CBHW081614220526
45468CB00010B/2876
* 9 7 8 1 9 8 1 5 2 8 5 0 9 *